인간적인 매력이 있는 **20대 리더**의 성공조건

인간적인 매력이 있는
20대 리더의 성공조건
Leadership in the Twenties

우치다 마사시 지음 | 서혜영 옮김

망설이는 20대 리더를 위하여

    젊은 나이에 리더의 역할을 한다는 것은 힘든 일이다. 자신에게 주어진 업무 목표나 과제를 달성하면서 동시에 부하 직원이나 파트 타임으로 일하는 임시직 직원에 이르기까지 리더로서의 직책을 수행해야 하기 때문이다. 그러나 아직 배워야 할 것이 많은 상태인데다가 경험도 부족하여 좀처럼 자신감을 갖고 대처할 수가 없다.

    이 책은 이런 문제로 고민하는 20대 리더를 위하여 쓰여진 책이다. 부하 직원을 통솔하는 일도 40대 관리직의 경우와 20대의 경우는 다를 수밖에 없다. 그리고 매일 매일의 업무를 처리하는 방식도 다를 수밖에 없다. 20대 리더는 이른바 플레잉 매니저(Playing Manager)로서 스스로 선두에 서서 일을 해야 한다. '솔선수범'이란 말이 있는데, 젊은 리더는 남들보다 앞서서 지혜를 내고 동시에 땀흘려 일하는 모습을 보이지 않으면 부하 직원들이 따라오지 않는다.

여러분들 중에는 젊어서 리더의 역할을 맡게 된데 대해 '짐이 무겁다'고 엉덩이를 뒤로 빼는 사람이 있을지도 모른다. 그러나 지금 이 순간부터 그런 부정적 사고와는 안녕을 고하기 바란다. 그리고 20대에 벌써 다른 사람 위에 서서 책임 있는 일을 맡아 하게 된 것을 자랑스럽게 생각하고 보람을 느껴보기 바란다.

회사나 직장 상사가 당신에게 거는 기대는 자못 크다. '젊음'이란 무기를 살려서 부하 직원들과 하나가 되어 그 기대에 응답하자. 이제 해묵은 연공서열주의가 쇠퇴하고 능력주의가 급속하게 확산되고 있다. 변화의 바람은 곧 찬스다. 이 찬스를 살릴 수 있는가 없는가는 모두 당신이 하기 나름이다.

전에 반도체의 세계적인 권위인 니시자와(西澤) 교수를 뵌 적이 있다. 그때 니시자와 교수는 다음과 같은 말을 나에게 해주었다.

지금 뒤돌아보면서 내가 가장 일을 많이 했다고 생각하는 때는 20대 후반입니다. 그때는 체력도 뒷받침해줘서 아침부터 밤늦게까지 연구에 몰두했습니다. 물론 토요일, 일요일도 없었습니다. 30대 이후에 내가 다소나마 세상에서 인정받게 된 것은 그 당시의 노력이 있었기 때문이라고 생각합니다.

'20대 때의 노력'이 미래를 결정한다는 것은 비즈니스 세계에서도 마찬가지이다. 지금 여러 기업에서 이사 이상이 된 사람들 대부분은 20대 시절에 미친 듯이 일한 경험을 갖고 있다. "일의 질과 양에서 동료들보다 두 배는 더 열심히 일했어요"하고 회고하는 사람들이 많다. 세상은 젊은 사람들이 생각하는 것 이상으로 공평하다.

컴퓨터 회사에서 PC 판매의 신규 개척팀 리더를 맡고 있는 G군은 연일 젊은 사원들을 데리고 적극적으로 현장을 뛰어다니며 판촉 활동을 하고 있다. 그에 대한 회사의 평가는 타인의 추종을 불허한다. G군은 "방문 세일즈야말로 판매의 원점이라고 생각합니다. 방문하기가 망설여진다면 이 일을 그만둘 겁니다"하고 가슴을 편다. 나아가 "상대에게서 냉랭한 대우를 받는 경우도 있지만 그런 것에 전혀 신경을 쓰지 않습니다. 모든 것이 공부라고 생각하니까요. 후배들에게도 그렇게 이야기해주고 있습니다"라며 얼굴에 붙임성 있게 미소를 띤다.

G군처럼 '모든 것이 공부'라고 생각하며 일에 매달리면 착실하게 실력이 붙을 것이고, 한 사람의 인간으로서도 성장해갈 것이다. 당신도 리더가 된 이상, 어리광을 버리고 철저히 프로답게 일하는 사람이 되어야 한다. 이 책이 그러한 과정에 대한 지침이 되어준다면 그보다 더한 기쁨은 없을 것이다.

끝으로 이 책을 집필할 때 흔쾌히 취재에 응해준 업계의 20대 리더들, 그리고 나의 강의를 들었던 연수생이나 지인들에게 감사한다. 덕분에 현장 감각이 넘치는 책을 완성할 수 있었다. 하지만 지면에 제약이 있어서 취재를 할 때 보고들은 사례들을 전부 실을 수 없었던 점 이해해주기 바란다.

02

제 2 장 | 20대 리더의 지시하기 · 맡기기

Bringing Out the Best in People...

03

| 제 3 장 | 20대 리더의 인간 관계 핵심 |

**Making Bad Relationships Good
and Good Relationships Better...**

| 제 4 장 | 위기에 과감하게 맞서라 |

Meeting the Challenge of Change & Crisis...

| 제 5 장 | 20대 리더는 큰 꿈을 가질 수 있다 |

Dreams Come True...

Leadership in

It's Possible because

You're in the Twenties...

제 1 장

20대 리더이기에 가능한 일

the Twenties

행동을 시작하면 길이 열린다

다른 사람의 경험이나 지혜를 능숙하게 훔치자

유연한 감성이야말로 20대 리더의 특성이다

고정관념을 깨면 일이 즐거워진다

유아독존은 악순환을 부를 뿐이다

행동을 시작하면 길이 열린다

◎ 더 큰 자신감을 가져라

누구에게나 장점과 단점이 있다. 20대 리더인 당신도 마찬가지다. 하지만 단점에 너무 매달리지 말라. 자신의 단점에 너무 신경쓰면 인간이 왜소해지고, 때로는 자기 혐오에 빠지기도 한다. 지금은 장점을 자각하고 그것을 더욱 키워갈 때다. 그렇게 하면 자신감이 생긴다.

당장 자신의 장점을 세 가지 써보자. 일에 대한 지식ㆍ기술, 성격, 체력, 특기, 마음가짐, 남들이 칭찬하는 것 등 무엇이라도 좋으니까 세 가지만 써보는 거다.

내가 아는 M군은 시내에서 체인점으로 운영되고 있는 스포츠 용품 대리점에서 매니저로 일을 하고 있는데 대단한 아이디어 맨이다. 아주 최근에도 그는 커다란 게임 제작 회사와 협의를 하여 센터 안에 버추얼 리얼리티(가상 현실) 스키 연습장을 만들었다.

그 과정은 고생의 연속이었지만 그런 만큼 보람도 있었다. 많은 젊은 고객들이 그것을 이용해보려고 대리점을 찾아오기 때문에 개발 비용을 생각해도 충분히 채산이 맞을 것으로 예측하고 있다. 실제로 매출은 예상 이상으로 호조를 보이고 있다. M군은 말한다. "4년 걸려서 사장님을 설득했어요. 내가 손님이라면 대리점에 스키 연습장이 있으면 좋겠다는 생각에서 아이디어를 제출하게 되었습니다"라고.

M군은 이밖에도 지금까지 대리점이 주최하는 '여름 유럽 알프스 스키 투어'나 '유명 메이커의 공장 견학을 겸한 스키 투어' 등을 기획하여 매스컴까지 탄 일이 있다. 여하튼 새로운 것을 생각하는 것을 아주 좋아하는 그는 일 그 자체를 즐기고 있다. 최근에는 회사의 사장님도 그의 기획력을 높이 평가하고 있다.

그런 M군에게도 단점이 있다. 그것은 숫자에 약하다는 것. 지금까지도 원가 관리가 허술하여 몇 번이나 사장님으로부터 주의를 받은 적이 있다. 그러나 M군은 주의를 받더라도 주눅들지 않고 "경영 관련 숫자에 대해서는 앞으로 공부해나가면 돼" 하고 낙관적으로 생각하고 있다. 그런 그였는데 며칠 전에 만났을 때, "드디어 야간에 회계 학원에 다니기 시작했어요" 하고 씩 웃는다.

나 역시 M군과 같이 자신의 단점에 대해서는 마음에 여유를 갖고 자기 계발을 열심히 하면 된다고 생각한다. 앞날이 창창하기 때문에 남이 하는 한마디에 주눅이 들거나 초조해 할 필요가 없다.

◎ 다른 사람과 자신을 비교하지 않는다

다른 사람에게서 무엇인가 지적을 받고 끙끙 앓고 있을 일이 아니다. 끙끙 앓으면서 보낼 시간과 에너지가 있다면 그것을 자신의 장점을 키우는 데에 사용하자. 사람은 자신의 부족한 면을 걱정하면 할수록 더욱더 그 쪽으로 끌려가버리고 마는 경향이 있다.

옛날부터 "단점이 곧 장점이요, 장점이 곧 단점이다"라고들 했다. 예를 들어 부하 직원의 업무 태도에 대해 세세한 점까지 신경이 쓰이는 성격을 생각해보자. 장점은 '꼼꼼하다'는 점이고, 단점은 '부하 직원을 위축시킨다'는 점이다. 이럴 경우 자잘한 일들에 잔소리가 심해지기 때문에 부하 직원들이 싫어한다고 고민하기에 앞서, '꼼꼼하다'는 자신의 장점을 어떻게 하면 살릴 수 있을까를 생각해야 한다.

대형 햄버거 체인 버거킹의 매니저인 Y군도 전에는 아르바이트 학생에게 "서둘러!" "뭘 하는 거야!" "더 큰 소리로!" 하고 잔소리를 하는 타입이었다. 그런 관리 스타일 탓인지 아르바이트하는 학생이 오래 붙어있지 않았고, 본부로부터도 "왜 그러냐?" 하고 책임 추궁을 당하기도 했다. 이대로는 안 되겠다고 생각한 Y군은 자신의 아르바이트에 대한 접근 방법을 되돌아보고 자기 개선을 해보자고 결심을 했다.

그는 고민 끝에 다음과 같이 하기로 작심을 했다. "주의도 주지만 같은만큼 칭찬도 해주자." 그리고 그는 그것을 그대로 실천에 옮겼다. 시끄럽게 잔소리하는 것은 변함이 없었지만 그만큼 "야, 솜씨가 좋아졌는데" "이젠 제법 소리가 나오네" 하고 칭찬도 자주 해주었다. 지금은 아르바이트 학생들 쪽에서도 Y군에게 마음 가볍게 말을 걸어오게 되었고, 정착률도 대폭 향상되었다고 한다.

Y군의 예가 보여주듯이 지금까지의 방식에서 '좋은 부분'과 '자기가 개선해야 할 부분'을 나누어서 생각하는 것이 좋다. 전자에 대해서는 계속 자신감을 갖고, 후자에 대해서만 반성하고 발전적인 방향으로 개선해나가면 된다.

'20대 리더'라고 해도 각자 성향이 다르기 때문에 다른 리더와 비교하여 고민을 하거나 자신감을 잃거나 하지 말아야 한다. 어디까지나 나 자신에게 맞는 개선을 하면 된다고 생각하자.

'밝음' 과 '활기참' 으로 승부하자

◎ **인사 하나로 주위가 바뀐다**

20대 리더의 특징은 뭐니뭐니 해도 젊음과 활기다. 밝고 건강하다면 별반 나이 차이가 없는 부하 직원이나 아르바이트 학생의 공감을 얻기가 수월하다. 직장에 따라서는 활기차게 축제 기분으로 일을 추진할 수 있다.

그러나 세상은 그런 활기 넘치는 리더만 있는 것이 아니다. 중견 컴퓨터 회사의 SE(Sales Engineer : 판매 담당 기술자)인 F군은 실적과 성실함으로 인하여 회사로부터 젊은 사원들을 이끌 수 있는 리더로서 기대를 한 몸에 받고 있다. 그러나 F군은 성격이 밋밋하고 목소리가 작아서 주위 사람들에게 자신감이 없어 보이는 인상을 준다. 손님들에게도 그런 인상을 주는지 어제도 한 손님이 F군의 상사에게 "왠지 믿음직스러워 보이지 않는데, 그 사람을 믿어도 되나요?" 하는 전화를 걸어왔다. 또 사내에서도 부하 직원들에게 "SE라는 것은 활기가 없어도 되는구나"라는 오해를 주고 있다. 일을 잘하는 F군인만큼 유감스러운 일이 아닐 수 없다.

이런 F군에게 어드바이스를 한다면 우선은 어찌 되었건 간에 우선 나부터 먼저 "안녕하세요?" "수고하셨습니다" 하고 큰소리로 인사를 할 것을 권유하고 싶다. 손님에게도 "어서 오십시오" "실례합니다" "감사합니다" 하고 지금까지 해온 이상으로 큰소리로 인사를 한다. 이제 쑥스러워하거나 부끄러움을 탈 나이가 아니다. 다소 억지스럽더라도 괜찮으니까 큰 목소리로 인사를 해야 한다. 그렇게 하면 자연히 행동에 리듬이 생겨 몸 전체에 활력이 느껴지게 될 것이다.

그래서 제안하겠는데 성격적으로 밝은 타입이나 얌전한 타입의 사람 모두 '지금까지의 나보다 10% 더 활기차게' 하자.

- 지금보다 10% 커다란 목소리로 인사를 한다.
- 지금보다 10% 커다란 목소리로 부하 직원에게 말을 건다.
- 지금보다 10% 커다란 목소리로 손님을 맞이한다.
- 지금보다 10% 큰 목소리로 전화를 한다.
- 지금보다 10% 빨리 걷는다.
- 지금보다 10% 많이 바보스러운 말을 한다.
- 지금보다 10% 자주 웃는 얼굴을 한다.

리더십이란 것을 너무 어렵게 생각할 필요는 없다. 이러한 10% 더하기를 실천할 수 있으면 리더로서 요구되는 자질의 반은 해결한 셈이다. 활기차게 행동하면 우선 스스로도 즐겁게 일에 몰두할 수가 있다.

◎ 위기를 기회로 바꾸는 긍정적 사고 방식

일부러라도 좋으니까 밝고 활기찬 모습을 하고 있으면 모든 일들을 낙천적으로 생각할 수 있게 된다. 언뜻 잘 안 된 것 같은 일도 "하지만 생각해보면 잘된 건지도 몰라" "좋은 공부가 됐다"고 긍정적으로 받아들일 수 있다.

어제 한 이탈리아 레스토랑의 매니저인 G군은 아르바이트하는 학생 A군에게 손님을 대하는 태도에 대해 따끔한 주의를 주었는데, 그러고 나서 왠지 서먹한 분위기가 되어버렸다. A군이 평소에 지각이 잦았기 때문에 더 심하게 이야기한 면도 있었다. 잠시 뒤 두 사람의 상태를 걱정한 손님이 G군에게 사정을 이야기해주어서 오해였다는 것을 알게 되었다.

G군은 본래 밝고 순수한 성격이기 때문에 틈을 봐서 A군에게 사과를 하고 내친김에 "오늘 밤 일이 끝난 뒤에 한잔 어때? 내가 살께" 하고 의향을 물어보았다. 그다지 마음이 내키지 않는 것 같은 A군이었지만, 결국 두 사람은 역 앞의 선술집에서 한잔을 하게 되었다.

둘이서 술을 마시기는 처음이었지만 생각한 것 이상으로 이야기가 잘되어 즐거운 시간을 보낼 수가 있었다. A군이 유학 자금을 마련하느라 다른 아르바이트를 한 가지 더 하고 있다는 것, 그것 때문에 때때로 지각을 한다는 것, 그의 꿈은 장래에 이탈리아로 유학을 가서 르네상스 미술을 연구하는 것이라는 등 그에 대한 이야기를 많이 들을 수 있었고, 그에 대해 많은 것을 알게 되었다. A군과 헤어진 뒤 G군은 전철 안에서 "역시 사람은 얘기를 해보지 않으면 몰라. 비 온 뒤에 땅이 굳는다고 했나" 하고 생각했다고 한다.

G군처럼 밝고 확 트인 리더인 경우 야단맞은 부하 직원으로서도 다행이다. '밝고 활기차게' 는 부하 직원을 편하게 한다.

리더인 자신이 상사로부터 심하게 야단을 맞거나 손님으로부터 불만을 들었을 때 순간적으로 주눅이 드는 것은 어쩔 수 없는 일이다. 하지만 그럴 때에도 긍정적인 사고 방식으로 기분을 빨리 바꾸자. 위기에 몰렸을 때가 바로 리더로서의 진가를 발휘할 때다. 그럴 때 어떤 태도를 취하는가, 어떻게 결의를 하는가 — 위로부터도 아래로부터도 주목을 받고 있다. 그때 변명을 하거나 불평을 하거나 도망치는 리더는 신뢰를 잃고 만다.

옛날부터 '위기는 기회' 라고 했다. 어떤 위기를 만나더라도 '이것도 공부' 라고 발전적으로 받아들이고, 기분을 새롭게 해서 과제에 맞설 수 있는 리더였으면 좋겠다. 그렇다면 잠자코 있어도 사람들은 따라온다.

부하 직원의 장점은 이렇게 간파하라

◎ '찬바람보다는 햇볕' 으로

중견 건설 회사에서 현장 감독을 맡고 있는 N군은 "아무리 밝은 표정을 지으려 해도 하청 받은 회사 사람들이 무사안일하게 적당히 일하는 것을 보면 화가 치솟고 만다"고 불만을 털어놓는다. 그러나 N군이 화가 치밀면 치밀수록 하청 받은 회사 사람들과의 마음의 거리는 더욱 벌어져 간다. 강하게 이야기하면 상대방은 일단은 지시한대로 움직여는 주겠지만, 마음속에서는 '두고 보자' 하는 생각을 품는 것이 보통이다. 이래 가지고서는 서로 기분 좋게 일을 할 수가 없다.

그런 울컥하기 쉬운 젊은 리더에게 나는 "상대방의 장점을 찾아내서 능란하게 칭찬하고 의욕을 갖게 하라." "가능한 한 상대를 높게 평가해주고 신뢰하라"고 어드바이스하고 싶다. 사람과 접할 때에는 성악설이 아니라 성선설에 서는 편이 좋다.

사람은 칭찬을 들으면 기분이 좋은 법이다. 그런 까닭에 칭찬해 준 사람에 대해서는 호의를 갖고 조금씩 마음을 열게 된다. 또한 칭찬을 들은 것이 자신감으로 이어져 "좋아, 더 노력해야지" 하는 마음도 생기게 된다.

'능란하게 칭찬하기'를 잘하면 상호간에 신뢰감도 생기게 된다. 게다가 무엇보다도 직장이 밝아진다. 이솝우화는 아니지만 '찬바람보다는 햇볕'으로 상대방(부하 직원·하청 직원·아르바이트·파트 타이머)의 태도를 변화시키는 것이 현명한 리더다.

부하 직원이나 하청 회사 사람들에게 "고맙네, 덕택에 살았어" 하는 감사의 말을 건네거나 "아까는 미안하네. 좀 지나쳤어" 하고 사과를 하면 신뢰감을 키울 수가 있다. 이것도 '능란하게 칭찬하기'와 마찬가지로 중요하다. 하찮은 자존심에 집착을 하다보면 신뢰받는 리더가 될 수 없다.

이렇게 상대에게 따뜻한 시선을 던지면 반드시 상대방도 기대에 따르려고 한다. 또 직장이 밝아지기 때문에 자연히 실적도 올라간다. 젊은 집단인 경우, "좋아, 다음 ○○을 향해 목적 달성!" 하고 축제를 여는 기분으로 일을 추진할 수도 있다.

그렇다하더라도 지각을 한다거나 보고를 게을리 하는 등 아무래도 주의를 주고 넘어가야 할 경우가 있다. 특히 몇 번이나 같은 잘못을 반복할 때에는 엄격하게 주의를 주어야 한다. 그때는 상대의 눈을 보고 진지하게 주의를 주자.

그러나 주의를 줄 타이밍을 잘 생각해야 한다. 문제다 싶을 때 그 자리에서 주의를 줄 것인지 아니면 따로 불러서 주의를 줄 것인지, 그리고 후배 앞이나 손님이 보는 앞에서 야단을 맞으면 상대방은 어떤 기분이 들까 하는 점까지 고려해야 한다.

◎ 부하 직원을 좋아하는 것에서부터 시작하자

모든 일에는 순서가 있다. 부하 직원을 통솔할 때에는 다음과 같은 순서가 바람직하다.

1) 상호간에 신뢰 관계를 쌓는 것이 먼저이다

2) 엄격한 통솔은 그 다음이다

이 순서가 뒤바뀌게 되면 효과적인 리더십을 발휘할 수 없게 된다. 특히 새롭게 리더로 임명되었을 때에는 의욕이 넘친 나머지 과잉 플레이를 하기 쉬우니까 주의해야 한다.

테이크 아웃 초밥 체인점의 점장으로 활약하고 있는 E군도 예전에는 그러한 잘못을 저지른 사람 가운데 하나다. 3년 전에 최연소로 점장에 발탁된 E군은 본부의 기대를 실망시키지 않으려는 생각에 파트 타임으로 일을 하는 주부들에게 출퇴근을 비롯하여 일 추진 방식에 대해서 본부의 매뉴얼 이상으로 엄격한 요구를 들이댄 적이 있었다. 그러자 파트 타임으로 일을 하는 주부들이 어느 날 갑자기 집단 퇴사를 하고 말았다.

E군은 당시의 쓰디쓴 경험을 되돌아보면서 다음과 같이 이야기

해주었다.

"주부 파트 타임 아줌마들이 모두 적당 적당히 일하는 것처럼 보였습니다. 나를 어린 점장이라고 우습게 보는 게 아닌가 싶었지요. 그래서 거꾸로 깐깐하게 대해야지 하고 잘못 생각한 겁니다."

서로간에 신뢰 관계만 쌓아놓았다면 다소 깐깐한 지도를 한다해도 부하 직원은 이해하고 따라와 준다. 즉 1)이 잘되면 엄격함도 살아난다. 하지만 내가 제안하는 이러한 이솝류의 '햇볕' 지도법에 대해 "아랫사람을 너무 봐줄 뿐이지 않느냐" "그래서야 직장통제가 되겠느냐" 하고 불신을 가질 리더도 있을 것이다. 그런 리더들에게 이야기하고 싶다. 업무 목표의 달성이란 면에 있어서도, 부하 직원의 육성이란 면에 있어서도 이래라저래라 잔소리만 하는 것보다는 10배 성과가 있다고.

'찬바람' 리더십 취향의 리더들에게 공통되는 점은 '자신 없음'이다. 자신 없음이 초조함으로 이어지고, 초조함 때문에 부하 직원들에게 필요 이상으로 강하게 나간다. 상사나 본부로부터 들은 것을 그대로 옮겨 부하 직원들에게 명령만할 뿐 자기 자신의 말은 이야기하지 못한다. 이와 같이 자신이 없는 경직된 리더에게는 부하 직원들이 마음을 닫아건다.

20대 리더 여러분, 부하 직원을 더 많이 좋아합시다. 더 많이 신뢰합시다. 그렇게 하면 부하 직원들이 당신을 치켜세워 줄 것입니다. 당신의 엄격함도 받아들여줄 것입니다.

20대니까 '벽'에도 도전할 수 있다

◎ **현장에서 얻는 발상이 최대의 재산이다**

어느 회사, 어느 직장에도 오랜 경험 속에서 굳어온 규칙이나 업무 추진 방식이 있다. 그러한 규정이 조직에 유효하게 기능하고 있다면 문제가 없겠지만 종종 현재 상황에 맞지 않아서 결과적으로 업무 능률을 저해하는 경우가 적지 않다. 그 결과 최전선에서 땀 흘려 일하는 사원의 의욕이 꺾이기도 한다.

젊은 사람은 그러한 보수적 풍토에 대해서 "지금대로는 안 돼. 어떻게든 해봐야 돼" 하고 강하게 문제 의식을 갖는 법이다. 또한 그 정도의 기개가 있는 젊은이가 아니라면 장래의 대성은 기대할 수 없다. 리더가 되었다고 해서 갑자기 수세적인 자세를 취하거나 보신만을 생각한다면 그 사람의 앞날은 뻔하다.

20대 리더에 기용된 것은 회사나 상사로부터 "젊음과 도전 정신으로 시원시원하게 업무 개선을 추진해달라"는 기대를 받았기 때문이다. 회사나 상사는 지금까지의 방식에 사로잡히지 말고 유연한 발상으로 아이디어를 내고, 그것을 실천에 옮겨주기를 기대한다. 또한 "20대 리더는 다소 무모해도 좋다. 우리에게 시끄럽게 주문을 해도 좋다"고까지 생각한다. 단순한 푸념, 불평불만이 아니라면 현장에서 얻은 생생한 발상으로 회사나 상사에게 '더……해야 한다'고 주문을 하기 바란다.

그런데 젊은 리더들 중에도 "모난 것은 얻어맞게 마련이다", "괜스레 끼여들고 싶지 않다"는 등등의 소극적인 태도를 취하는 사람이 적지 않다. PC소프트 숍 매니저인 S군도 그러한 타입 가운데 한 사람인데 본부에서 말하는 대로 움직이는 것 이외에는 생각이 없다. 정례 점장 회의에 출석해서도 객관적인 상황 보고는 하지만 자신의 의견을 이야기하는 일은 아주 드물다.

S군과 같이 스스로 한계를 그어놓고 '어차피', '이제 와서 뭘' 하는 생각에 빠져 있으면 업무 개선도 미덥지 않고, 부하 직원이나 아르바이트하는 사람들에 대해서도 효과적인 리더십을 발휘할 수가 없다.

◎ 'NO' 라는 말을 들으면 찬스라고 생각하라

회사나 상사에게 의견이나 제안을 할 경우 YES란 답을 받을 때도 있지만 NO란 답을 받을 때도 있다. 아니, 거의 대부분의 경우 처음에는 "뭐야, 갑자기?", "그냥 지금까지 해온 방식이 더 좋아"

하는 반응밖에 돌아오지 않는 일이 많다. 그래도 절대로 그렇게 해야 한다고 생각한다면 포기하지 말고 몇 번이고 다시 제안하는 근성을 가져야 한다. 상대에게 NO라는 말을 들었다면 그것은 기획·제안의 내용을 더 채워보라는 이야기라고 생각하면 딱 좋다.

제안이 받아들여지지 않았다고 해서 상사와 감정적으로 충돌하는 것은 현명한 일이 아니다. 초조해하지 말아야 한다. 상사나 회사측에 일단 물러났다고 여기게 하고 시간을 들여서 재공략하는 방법도 있다. 그때에는 상대측(회사나 상사)이 하는 이야기를 부분적으로 수용하여, "지난번의 어드바이스를 살려서 이와 같이 다시 생각해봤습니다" 하고 상대방의 자존심을 돌보면서 공략하는 게 좋다.

에베레스트 산(마지막 개선 개혁 목표)을 1시간만에 오르려고 하면 잘될 리가 없다. 이번에는 산기슭까지, 다음 번에는 산 중턱까지, 그 다음에는 70%까지, 그리고 마지막에는 단숨에 정상까지. 이렇게 '목표를 분할' 해서 도전을 해보아야 한다. 커다란 변화·개혁인 경우에는 더욱더 '목표 분할' 이 효과적이다.

게다가 에베레스트 등반에는 여러 가지 코스가 있다. "이번 경우는 어느 루트가 최적인가"를 유연하게 판단하여 실행에 옮겨야 한다. 이것은 일을 하다가 벽에 부딪혔을 때도 마찬가지이다.

외국 브랜드 위스키 할인점의 점장인 U군은 계산을 기다리는 손님으로부터 "시간이 너무 걸린다"는 불만을 자주 들었기 때문에 "손님이 기다리는 시간을 반으로 줄일 수 없을까" 하고 생각을 했다. 그래서 곧장 부하 직원들로부터 아이디어를 모집하게 되었는데, 그들은 "그건 무리예요" 하고 U군의 문제 제기에 별반 관심을 보이지 않았다.

실제로 카드 조회기의 대수를 늘리면 되는 간단한 일이었지만, 새 카드 조회기를 도입하는데 드는 비용도 문제이고, 카드 조회기를 놓을 공간이나 일손 문제도 만만치가 않았다. 그래서 U군의 최종 목표는 '시간을 반으로'이지만, 우선 제1기에는 '20% 단축을 목표로'라고 목표를 분할하기로 했다. 그랬더니 '20% 단축이라면' 하고 부하 직원들도 마음이 움직였고, 여러 가지 아이디어를 내놓게 되었다.

이와 같이 부하 직원들로부터 'NO'라는 말을 들었을 경우에도 그 순간부터 벽을 향한 도전이 시작된다고 생각하자. 결코 포기하지 말 것. '베스트(Best)'가 어렵다면 '베터(Better)'를 추구하자.

'인간은 모두 나의 스승' 이라는 마음으로 대하자

◎ **불만을 이야기하는 손님일수록 친절하게**

발전 과정에 있는 20대 리더는 자기 자신에게 자신을 갖는 것도 중요하지만 동시에 남의 말에 겸허하게 귀를 기울일 줄도 알아야 한다.

약국 체인의 점장을 맡고 있는 O군은 지난주에 약국에 불만 사항을 이야기하러 온 손님과 크게 싸움을 하고 말았다. 그 손님은 상당히 흥분을 해서, "설명서에는 '알레르기 체질인 사람은 의사와 상담을 하고 나서 복용해주세요' 라고 써 있잖아. 그런데 당신은 괜찮다고 했지. 벌써 두 알이나 먹었어. 그렇게 적당히 장사하는 게 아냐!" 하고 마구 쏟아내었다. 거기에 대고 O군은 "손님은 알레르기 체질이라는 걸 알려주지 않았지 않습니까? 괜한 트집을 잡지 마세요" 라고 받아쳤다. 그러자 상대방은 더욱 흥분을 하여, "그야 알레르기라고 이야기하지는 않았는지 모르지만, 그래도 가끔 피부가 가려워지는 일이 있다고 말했어. 어쨌든 됐어. 이거 돌려줄 테니까 돈 내놔, 내 돈!" 하고 윽박질러댔다. 그리고 "내놔" "못 내놔" 하는 언쟁이 계속되었고, 손님은 울분을 참지 못하고 "좋아, 알았어. 만약에 내 몸에 이상이 생기면 고소할 테니까" 하는 말을 내뱉듯이 남기고 나가버리고 말았다. 그 언쟁을 다른 손님들이 처음부터 끝까지 지켜보고 있었다.

O군의 대응은 최악이다. 결코 질이 나쁜 손님은 아니었기 때문에 좀더 부드럽게 불만을 접수했어야 한다. 다른 손님들은 두 사람의 싸움을 어떻게 생각했을까? 게다가 손님은 "때때로 피부가 가려워지는 일이 있다"고 이야기했기 때문에 그 약을 판매한 O군은 책임에서 벗어날 수가 없다.

O군은 불만을 이야기하는 손님을 오히려 소중히 여겨야 한다. O군은 그러한 장사의 수칙을 전혀 모르고 있었던 것이다. 고객의 불만 사항에 대해 성의를 갖고 들어줌으로써 업무 방식에 대한 반성과 개선을 이끌어낼 수가 있다. 가령 손님이 80% 오해를 하고 있더라도 나머지 20%에 대해서는 '고마운 충고'로 받아들여야 한다.

시끄러운 손님을 경원시하거나 뒤에서 푸념을 해서는 큰 장사꾼이 될 수 없다. 모처럼 찾아온 개선의 찬스를 눈앞에서 놓쳐버리는 격이다. 손님으로부터 심한 말을 들었을 때에는 "죄송합니다"라는 말을 당연히 해야 하는 것이며, 마지막으로 "정말 감사합니다"라는 인사말도 잊어서는 안 된다. 일부러 귀중한 의견을 말해준 것이기 때문에 감사의 인사뿐만 아니라 다른 형태로 성의를 보여도 좋을 것이다.

◎ 다른 사람의 경험이나 지혜를 능숙하게 훔치자

남에게 가르침을 청하려면 겸허해야만 한다. 앞의 O군이 강하게 반론을 편 것도 손님에게서 아픈 곳을 찔렸기 때문은 아니었을까? 그에게는 고분고분함이 부족했다.

앞으로 O군이 해결해야 할 중요한 과제는 '불만 사항을 이야기하는 손님을 소중히 여길 것'은 물론이고, 다른 사람의 이야기에 좀더 귀를 기울이는 습관과 모르는 것은 겸손하게 물어보는 습관을 키우는 것이다. 때로는 자신이 알고 있는 것이라도 "아아, 그래요?", "정말이에요?" 하고 응대를 함으로써 상대방의 이야기를 좀더 끌어내 듣는 요령도 필요하다. 그렇게 하면 아무것도 모르는 것처럼 보이는 O군에게 상대방은 "아니 이런 것도 몰라……" 하고 웃으면서 마음을 열고 자신의 노하우를 전수해줄 것이다.

가르침을 받았으면 물론 감사의 인사를 할 것. 때로는 감사의 인사만으로 끝내지 말고 내 편에서도 상대방에게 내가 알고 있는 지식이나 정보를 전해주는 등 답례를 하자. Take(취한다)만 해서는 상대방도 정나미가 떨어져버릴 것이므로 의식적으로 Give(준다)를 하기 위해 노력할 필요가 있다. 그리고 그럴 때에는 잘난 척하지 말고 겸허하게…….

상대를 가볍게 보면, 혹은 대하기 힘들다는 의식을 갖고 있으면 상대방으로부터 좀처럼 가르침을 얻을 수 없다. 대하기 힘든 상대로부터 설교를 들을 때에도 싫은 얼굴을 하지말고 끄덕이거나 응대를 하면서 느낌이 좋게 경청을 해야 한다. 설교 그 자체가 도움은 되지 않더라도 이것 또한 인간 수양의 하나라고 생각하고 성의 있게 듣는 사람의 자세를 갖추기 위해 노력해야 한다. 모든 것이 공부다!

주위에 대하기 힘든 사람을 만들지 않으려면 평소부터 주위 사람들을 호의적인 시선으로 볼 것. 그러한 습관을 익히면 누구에게나 마음 가볍게 가르침을 구할 수 있으며, 상대방도 또한 마음을 열어준다.

또 자신에 대해 우쭐해 있으면 다른 사람에게 가르침을 청할 기분이 들지 않는다. 가령 상대방이 부하 직원이나 후배라 하더라도 "특정 분야에 대해서는 그가 나보다 잘 알 수 있다"고 하는 겸허한 마음가짐을 가지는 것이 중요하다. 그러한 자세는 상대방에게도 전달되기 때문에 상대방 역시 마음을 열게 된다.

이렇게 다른 사람의 경험이나 지혜를 자신의 것으로 할 수 있을 때 업무 추진 능력이나 대인 관계 능력이 모두 착실하게 성장한다.

부디 '잘 배우고' '잘 훔치는' 20대 리더가 되어주기 바란다.

우선 '무엇을 줄 수 있나'를 생각하자

◎ 내 일만을 생각하고 있으면……

20대 리더는 젊은 탓에 자기 자신에 대해서만 생각하기가 쉽다. 예를 들면 나의 사정, 내가 받는 대우, 나의 장래…….

한 도심의 호텔에서 서브 매니저로 일을 하고 있는 K군의 최근 관심은 온통 직장을 옮기는 일에 관한 것뿐이어서 지금 하고 있는 일에는 마음이 쏠리지 않는다. 손님에 대한 살핌도 무뎌졌고, "다 같이 좋은 직장으로 만들자" 라든가 "부하 직원들을 키우자"는 생각도 거의 없다. 요즈음 머리를 온통 메우고 있는 것은 자기 자신에 관한 일들뿐이다. 당연히 부하 직원들과도 마음의 벽이 생겼고, 업무상의 실수도 많아졌다. 나아가 책임 전가 등으로 부하 직원과의 감정적 대립도 생겼다.

이러한 리더들은 회사나 직장 상사에 대해 불만이 많거나 자신이 해야 할 일은 뒷전으로 미루어둔 채 다른 사람에게 무엇을 해달라고 할까 하는 생각만 하기 십상이다. 덧붙이자면 나는 이런 인물을 Taker(차지하는 사람)라고 부르고 있다. 사람들로부터, 회사로부터 무엇이든 '차지할' 것만을 생각하고 있는 인간이다. 물론 의무와 책임은 사절이다. 이런 Taker를 회사나 직장 상사가 좋게 평가할 리 없다.

반대로 같은 20대 리더라 하더라도 '주는 것'을 잘하는 사람이 있다. 상대방을 배려해주고, 감사의 마음을 주고, 신뢰를 주고, 칭찬의 말을 주고, 정보를 주고, 선물을 주고, 웃는 얼굴을 주고, 성의 있는 노력을 준다. 이런 사람을 Giver(주는 사람)라고 부른다.

Giver는 그 개인 자신뿐만 아니라 회사나 점포에서 비즈니스를 생각할 때에도 큰 이익을 가져다 준다. 자신의 사정을 우선시하는 것(Take)이 아니라 '손님을 위한' 것을 우선시하는 실천(Give)을 해갈 때 모두의 발전이 약속된다.

◎ '솔선수범'이 뜻하는 것

호프집 체인의 매니저인 I군은 시험을 눈앞에 둔 아르바이트 학생들에게 가능한 한 희망대로 휴가를 낼 수 있게 해주고 있다. 그러나 모두 다 쉬어버리면 곤란하기 때문에 한 사람 한 사람에게 시험 예정일을 종이에 써서 제출하게 하여 "이 시험은 그렇게 많이 준비하지 않아도 괜찮겠지?", "이날은 쉬어도 좋아"라고 하며 같이 일정을 조정한다. 아르바이트하는 학생들끼리도 서로의 일정을 조정하도록 하고 있다. 그 동안 빈자리는 자신을 포함하여 남은 사람 모두가 힘을 합하여 메우도록 하고 있다. 그러한 I군의 배려 탓인지 거의 모든 아르바이트 학생들이 장기 근속을 한다.

이 I매니저는 이밖에도 훌륭한 점이 있는데, 손님이 화장실에 오바이트를 한 오물은 가능한 한 자신이 직접 청소하자는 마음을 갖고 있다. 화장실 청소에 그치지 않고 I매니저는 "누가 해도 싫은 일은 매니저인 내가 한다"고 마음에 정해놓고 솔선수범을 하여 부하 직원들이나 아르바이트 학생들의 신망을 모으고 있다. 최근에는 화장실이 더러운 것을 본 사람이 먼저 나서서 청소를 하는 분위기가 되었다고 한다.

또 I매니저는 거래처 사람들에게 "죄송합니다", "감사합니다"라고 인사를 기분 좋게 할 줄 아는 리더인지라 거래처 사람들로부터도 인기가 좋다.

가게가 끝난 뒤 I매니저는 가끔 부하 직원이나 아르바이트하는 학생을 데리고 가라오케에 가는 일도 있는데, 아무리 못 내도 계산의 반은 자신이 하고 있다. "다들 열심히 일해주니까"라고 I매니저는 이야기하지만 누구나 다 그럴 수 있는 것이 아니다. 그 자리에서 돈이 아까워 다 같이 나누어 내는 것하고는 인상이 상당히 다르다.

나아가 이 I매니저는 부하 직원들이 회사나 본부에 대해 갖고 있는 요구나 주문이 타당하다는 생각이 들면 용기를 내서 대신 전해주기도 한다. 지나치게 거침없이 이야기를 하기 때문에 본부 스태프들로부터 곱지 않은 시선을 받는 일도 있지만, 업소의 실적이 좋기 때문에 그가 하는 이야기는 대개 들어준다고 한다.

이런 매니저이기 때문에 부하 직원이나 아르바이트 학생들이 무엇이든 상담을 하러 오는 일이 많다. 그러면 바쁜 속에서도 가능한 한 시간을 내서 이야기를 성의껏 들어준다. 상대방으로서는 어려울 때 가족처럼 대해주니 얼마나 고마울까.

I매니저는 입으로만 "아니 그게, 난 그 정도는 아닙니다"하고 겸손해하는 것이 아니다. 젊은 나이에 이렇게까지 철저하게 Giver의 태도에 취할 수 있다는 것은 정말 대단한 것이다.

당신도 영원한 과제이겠지만 '완벽 · 철저한 Giver'를 목표로 정하고 정진하지 않으려는가? 그렇게 하면 신기하게도 운도 열릴 것이다.

부하 직원과 고락을 함께 하자

◎ 유아독존은 악순환을 부를 뿐이다

팀워크가 얼마나 소중한 것인가는 새삼스럽게 이야기할 것도 없다. 20대 리더의 경우는 스스로 그 팀 안에 들어가 고락을 함께 같이하는 모습이 있어야 한다. 가능한 한 화기애애하게 일을 즐기면서 해나가자. 손님에게 폐를 끼치지 않는 범위에서 웃는 소리나 농담을 주고받을 수 있는 직장이 좋다. 부하 직원이나 아르바이트 학생들로부터 "○○씨는 좀 엉터리 아냐?", "또 차였어요?" 하는 식의 이야기를 들을 정도라도 좋다. 부하 직원이 자유롭게 이야기할 수 있는 직장이 최고다.

입시 학원인 ○○학원의 원장인 Y군은 이런 부분을 이해하지 못하고 아르바이트 강사들을 심할 정도로 야단을 치고 엄하게 조인다. 그래서 모든 강사들로부터 미움을 사 지금은 다들 Y군을 피하고 있다. 당연히 아르바이트 강사들의 정착률도 좋지가 않다. Y

군의 말로는, "본부에서 강사를 제대로 관리하라고 하니까요. 게다가 학원 경영은 라이벌 학원이 많기 때문에 '다 같이 즐겁게' 같은 말 따위는 할 수가 없습니다"란다.

Y군의 성실성은 평가할 만하다. 하지만 역시 아르바이트 강사들의 의욕을 자극하는 편이 학원 경영에 도움이 되지 않을까? 지금대로라면 수업에도 좋지 않은 영향을 미칠 것이고, 교실에서 무슨 일이 일어난다고 해도 원장에게 보고하지 않는 것은 아닐까? 그렇게 되면 난처한 것은 원장인 자신이다. 나이가 너더댓 살 정도밖에 차이가 나지 않기 때문에 좀더 솔직하게 아르바이트 강사들을 대해야 할 것이다. 서로 농담을 주고받거나 해서 밝은 분위기가 만들어지면 강사들은 지금 이상으로 열심히 해줄 것이다. 만약 원장이 어려운 지경에 빠지게 될 경우 나서서 손을 빌려주게 될 것이다. 손실을 따지지 않고 움직여주는 사람이 그 사람 주변에 몇 명이나 있느냐로 리더로서의 역량이 측정된다.

힘든 일이 일단락되면 다 같이 '반성의 자리'라는 이름 아래 파티를 열어도 좋다. 나아가 여름 휴가에는 전원이 여행을 가고, 겨울에는 스키를 타러 가는 등 리더가 앞장서서 즐기자. 업무 이외의 자리에서는 친구 감각으로 대하는 것이 좋다.

이와 같이 20대 리더를 중심으로 직장을 일종의 패밀리로 만들 수 있으면 최고다. 끝마무리만 잘 맺을 수 있다면 '학생 서클 분위기'라도 좋다. 그것이 가능하다면 굳이 팀워크라는 말을 쓸 필요도 없다.

◎ 부하 직원 속으로 스스로 뛰어들어라

직장을 통솔하는 리더는 부하 직원들로 하여금 한번 잘해보겠다는 의욕을 가질 수 있게 해야 한다. 그렇게하기 위해서 어떻게 하면 좋을까?

젊은 나이에 디자인 회사를 경영하고 있는 W군은 미대와 디자인 스쿨의 학생 몇 명을 아르바이트로 고용하고 있는데, 업무 부여 방식이나 일을 맡기는 방법이 매우 능숙하다. 그는 기본적인 설명을 하고 나면 가능한 한 학생들에게 책임을 지우고 자주적으로 일하도록 한다. 다소 믿음이 가지 않더라도 별로 참견을 하지 않고 단호하게 맡기는 것이 W군의 방식이다. 경험이 없는 업무라 하더라도 의식적으로 혼자서 처리하게 하고 있다. 그리고 아르바이트 학생이 일을 잘해주었을 때에는 과장될 정도로 칭찬을 해준다. 그는 칭찬을 아주 잘하는데, 칭찬만 하는 게 아니라 "정말 덕분에 살았어" 하는 감사의 표현도 잊지 않는다.

W군은 지금까지 이와 같은 방식으로 일을 해오면서 큰 실패가 없었다. 그리고 학원생들의 평판도 아주 좋다. 아르바이트 학생들 또한 생기 발랄하게 강의를 해주기 때문에 자신의 방식에 더 큰 자신감을 갖게 되었다.

업무 내용에 따라서는 게임 감각을 도입하는 것도 재미있을 것이다. 개인적인 매출 실적, 특정 업무에 걸린 시간, 고객의 평가 등을 눈에 보이는 형태로 게임화하는 것이다. 성적 우수자에게는 상품을 제공하고, 성적 불량자에게는 벌칙 게임을 하게 한다. 그러나 성적 불량자가 주눅드는 식으로는 하지 않는다. 어디까지나 즐겁게 연출한다.

회사·본부·직장 상사로부터 나오는 정보는 가능한 한 부하 직원들과 공유하는 것이 좋다. 앞의 원장 Y군같이 악의는 없지만 자신에게 흘러들어온 정보를 더 이상 흘러가지 않게 막는 사람들도 많다. 그렇게 되면 부하 직원이나 후배로부터 더욱더 큰 불신을 받게 된다.

사람은 이유나 배경을 모르면 일할 기분이 들지 않는다. 그러므로 일을 지시할 때에는 "왜 그렇게 했으면 하는가?", "왜 안 되는가?", "왜 당신에게 부탁을 하는가?" 등의 이유를 알기 쉽게 설명해야 한다. "그런 거 넌 몰라도 돼. 시키는대로 하면 되는 거야"라는 식으로 나가면 부하 직원은 리더와 함께 고락을 같이하려고 하지 않는다.

반대로 부하 직원의 의견을 위(회사·본부·직장 상사)로 전달해 주는 것도 중요하다. 그러한 것들을 잘 해주는 리더와 잘 해주지 않는 리더의 경우 부하 직원들이 보는 눈이 다르다. 그러나 의견은 전달하되 부하 직원들이 말하는 대로가 아니라 리더 스스로 판단하고 정리해서 전달해야 할 것이다.

유연한 감성이 20대 리더의 특성이다

◎ 매뉴얼만이 전부는 아니다

어느 양식 레스토랑의 매니저로 일을 하고 있는 K군은 회사에서 정해놓은 매뉴얼뿐만 아니라 그 이외의 부분에 대해서도 꼼꼼하게 배려를 한다. 가게 안에 대여한 그림이 몇 장 걸려 있는데 모두 그 자신이 골랐다. K군이 말하기를 "가능한 한 계절 감각이 있는 그림, 그것도 손님이 호감을 가질 수 있을 것 같은 그림을 고릅니다"라는 것.

마찬가지로 가게 안 몇 군데에 장식할 꽃에 대해서도 사원이나 파트 타이머와 상의하면서 신중하게 고른다고 한다. "덕분에 꽃 이름을 제법 외웠습니다"라고 이야기하는 K군은 무엇이든지 흡수해버릴 것 같은 기세다.

교외에 있는 대형 일용품점 겸 약국의 책임자인 S군은 자신의 가게 주차장에서 정기적으로 이벤트를 열고 있다. 그 주차장은 매우 넓어서 어떤 때는 재즈 라이브 콘서트를 유치하고, 어떤 때는 아마추어 가라오케 대회를 열고, 또 어떤 때는 지역 주민들의 중고 가정용품 세일 장소로도 제공하는 등 다양한 기획을 하고 있다. 그때마다 사원 전체가 이벤트 실행 위원회의 멤버로서 행사를 준비하고, 당일의 운영을 맡아보고, 뒤처리를 하는 등 바쁘게 움직인다고 한다.

S군은 "아르바이트 학생을 포함하여 모두 기쁜 마음으로 일을 해줍니다. 기획 단계에서부터 참가하게 한 것이 효과가 있나 봅니다. 덕분에 손님도 늘어나 매출이 늘고 있습니다"라고 한다.

내가 어떤 컴퓨터 소프트웨어 관련 회사의 사원 연수 교육을 통해 알게 된 T과장(그래도 아직 20대)은 회사와 협의를 해서 '개발부에 소속하는 사원은 모두 사복 근무를 해도 좋다'는 허가를 받았다고 한다. 그러나 거래처를 방문할 예정이 있는 날만은 정장을 입기로 했다. T과장은 이야기한다. "소프트웨어의 개발은 발상의 유연함이 첫째입니다. 정장 차림이면 아무래도 머리가 돌지 않지요"하고.

이 제도는 작년부터 도입되었다고 하는데 일찌감치 그 성과를 보았다고 한다. T과장은 그 이전에도 회사측에 '쉼터 라운지'를 설치하자고 요청을 해서 관철시킨 적이 있었다. 지금 그 라운지는 전망이 좋은 본사 건물 가장 윗층에 있고, 자유롭게 커피나 차를 마실 수 있게 되어 있다. "멍하고 있는 시간이 중요합니다"라고 이야기하는 T과장. 밤에는 술이랑 안주를 가져다가 자유로이 즐길 수도 있다고 한다.

◎ 고정 관념을 깨면 일이 즐거워진다

내 직장의 문제를 해결하고자 할 때도 우선은 "아무래도 쓸데 없이 힘든걸", "아무래도 쓸데없이 시간이 걸리는걸", "좀더 어떻게 안 될까?" 하는 문제 의식을 갖는 데서부터 고정 관념 깨기를 시작한다. 이런 관점에서 뭔가 불편이나 상황이 안 좋은 점이 느껴졌다면 바로 메모를 하여 스스로 대책을 생각해보고, 주위로부터도 지혜를 구하도록 하자. 여기서 중요한 것은 고정 관념에 억메이지 말고 상식에서 벗어난 아이디어라 하더라도 기꺼이 환영하는 자세를 갖는 것이다.

한 소비자 금융 회사의 H지점장의 이야기다. 찾아오는 손님을 보고 있으면 아무래도 어두운 느낌의 사람들이 많다. H지점장은 '보통 때는 밝은 사람이라도 이곳에 발걸음을 옮기게 되면 기분이 가라앉는 것은 아닐까?' 하는 생각이 들었다. 그는 그 직감을 소중히 여겼다. 그리고 거기서 더 나아가 "모처럼 방문해주시는 손님께 밝은 기분을 가질 수 있게 해드리려면?" 하는 발전적인 문제 의식으로 이어갔다.

부하 직원들에게도 이 생각을 던지고 모든 부하 직원들에게 기한을 정해놓고 개선 아이디어를 모집했다. 그랬더니 "사원 한 명한 명이 '소중한 손님'이라는 태도로 대한다", "물수건이나 차를 내놓는다", "공간을 여유 있게 한다", "신문이나 잡지 코너를 설치한다", "밝은 음악을 틀어놓는다"라는 다섯 가지 제안이 나왔다.

"물수건이나 차를 내놓는다"는 지점장인 H군 자신의 아이디어였으며, 다른 아이디어도 좋은 것 같았다. 그래서 H군은 비용이드는 아이디어는 본점과 상의를 하여 예산을 따내는 등 한 가지라도 더 많은 제안을 실행에 옮기기 위해 노력하고 있는 중이다.

샐러리맨의 호주머니 돈으로도 놀 수 있는 클럽 '안개꽃'의 매니저로 일하고 있는 W군. W군은 성실한 사람이다. 최근에 찾아오는 손님의 수가 왠지 좀 성에 차지 않는다. 사장은 그에게 뭔가 손님을 늘릴 방법을 생각해보라고 명령을 내렸다. 여러 가지를 생각한 끝에 그는 다음과 같은 아이디어에 생각해냈다.

"우리 집에서 일하는 여성들에 대한 정보를 손님들이 아신다면 한번이라도 오셨던 적이 있는 손님은 발걸음을 옮겨주시지 않을까" 하고.

그래서 W군은 점장의 승인을 얻어 한 해에 4번, 정기적으로 「안개꽃 통신」이란 B4 사이즈의 소식지를 발간하기로 했다. 거기에는 사장이나 마담을 비롯하여 매니저인 자신, 그리고 일하는 여성들의 프로필과 근황을 재미있는 터치로 싣기로 했다. 취재에서 원고 쓰기까지의 모든 것을 혼자 다 하기는 힘들었지만 말을 꺼냈기 때문에 도리가 없었다. 기쁘게도 일러스트는 (몰래 마음을 주고 있던) '에리카'가 맡아주었다.

체크 항목	YES	NO
1. 자신의 단점에 신경을 쓰며 끙끙대는 일은 없다		
2. 자신의 장점을 살리려고 노력한다		
3. 커다란 목소리로 인사를 한다		
4. 기분 전환은 빠른 편이다		
5. 가능한 한 타인의 장점을 보려고 노력한다		
6. 부하 직원이나 파트 타이머의 인간성을 신뢰하고 있다		
7. 회사나 직장 상사에게 적극적으로 의견을 피력한다		
8. 'NO' 라는 말을 들어도 금세 포기하지 않는다		
9. 손님의 불만에 겸허하게 귀를 기울인다		
10. 부하 직원이나 후배들로부터 배우려는 자세를 갖고 있다		
11. 주는 것을 잘한다(Giver)		
12. 다같이 시끌벅적 즐기면서 일한다		
13. 손실을 따지지 않고 움직여주는 부하 직원·후배가 있다		
14. 상식에 사로잡히지 않는 유연한 발상이 가능하다		
15. 업무 개선 등의 아이디어를 적극적으로 내놓고 있다		

Leadership in

Bringing Out the Best in People ...

제 2 장

20대 리더의 지시하기 · 맡기기

the Twenties

사람은 '강요'로는 일하지 않는다

한 사람 한 사람에게 목적 의식을 심자

다른 사람의 힘을 어떻게 빌릴 수 있을까?

지시대로 움직이지 않는 부하 직원과 어떻게 함께 할수 있을까?

보고 · 연락 · 상담하는 습관은 철저히! 대화는 여유있는 자세로!

부하 직원의 의욕을 어떻게 끌어낼까?

◎ 사람은 '강요'로는 일하지 않는다

중견 패션 메이커에서 수석 디자이너로 일하고 있는 S씨는 일은 잘하는데 부하 직원들에게는 인덕이 좀 없다. 그 원인은 S씨가 자잘한 데까지 일을 도맡아 하면서 부하 직원들에게는 부분적인 일밖에 시키지 않기 때문이다. S씨는 부하 직원들이 멋대로 하는 것을 용서하지 않는다. 부하 직원은 자신의 수족이라고 생각하고 있으며, 평소에도 "당신들은 내가 이야기하는 대로 하면 돼"라고 이야기한다. 그래서 의욕과 재능이 있는 젊은이들일수록 갑갑함을 느껴 회사를 일찍 그만두는 경향이 있다. S씨는 말한다. "나도 그런 식으로 선배에게 배웠는데요 뭘. 이 세계는 아직도 도제 사회랍니다"라고.

그러나 사장인 T씨는 남몰래 다음과 같은 생각을 하기 시작했다. "우수한 젊은이들이 자꾸 그만두는 걸 그냥 둘 순 없어. 도리어

매너리즘에 빠진 듯한 S씨가 그만두는 편이 오히려 젊은이들에게 의욕을 발휘할 기회가 되지 않을까?"

S씨가 하는 방식으로는 상품 개발도 결국에는 막다른 골목에 부딪히고 말 것이다. S씨가 모든 것을 도맡아 하면 신상품 역시 S씨의 능력 범위 안에서만 만들어질 것이기 때문이다. S씨가 자기 개인 브랜드만으로 비즈니스를 전개할 수 있을 정도로 뛰어난 능력을 가진 디자이너라면 모르되, 보통보다 좀 낫다 싶을 정도의 사람일 뿐이라면 회사로서는 문제를 느끼지 않을 수가 없다.

S씨가 부하 직원들의 창작의 자유를 빼앗는 식으로 일을 계속한다면 S씨보다 나은 재능을 갖고 있는 젊은이들일수록 더욱 짓눌릴 가능성이 있다. 때때로 부하 직원들에게 참을성을 키워주는 것도 중요하다. 하지만 그와 동시에 기회를 주는 것도 인재 육성의 포인트이다.

부하 직원들에게 눈 딱 감고 일을 맡기고, 아이디어를 구하고, 서로 의견을 나누면서 자극을 주고받으며 상품 개발을 추진해간다면 S씨에게도 매너리즘에서 벗어날 수 있는 좋은 계기가 될 것이다. 이질적인 재능을 배제하지 않고 잘 끌어안을 수 있는 것도 리더의 조건이다. 리더는 다양한 개성을 지닌 부하 직원들의 자주성을 이끌어내야 한다.

"나보다 좋은 평가를 받는 부하 직원이 나온다면 곤란하다"는 식의 옹졸한 생각을 해서는 안 된다. 그럴 때는 자신도 남에게 뒤지지 않게 분투노력을 하면 될 것이고, 또 "내가 잘 지도한 덕에 ○○가 여기까지 발전했다"고 하는 자부심을 가지면 된다.

◎ '왜 그런가' 하는 설명이 중요하다

젊지만 학습 참고서를 출판하는 출판사의 영업소장을 맡은 M소장은 나이에 어울리지 않게 부하 직원을 잘 지도하기로 정평이 나 있다. 그는 일을 지시할 때 부하 직원이 그 일의 필요성이나 중요성을 납득할 때까지 설명을 해준다. 예를 들면 오늘 아침에도 지방 출장을 마치고 막 돌아온 부하 직원 T군에게 "만나주신 선생님께 오늘 중으로 감사하다는 인사장을 보내게. 워드프로세서가 아니라 손으로 써서"라고 지시를 했다. T군의 귀찮아 하는 표정을 보고 M소장은 "그걸 우편함에 넣어야 비로소 출장이 끝났다는 얘기야. 받은 쪽에서는 전화로 하는 인사보다 10배는 기쁜 법이야" 하고 설명을 했다.

M소장은 의식적으로 부하 직원들에게 질문을 던지고 생각하도록 한다. 지난주에도 신입 사원인 K군으로부터 "○○대학교 구내 서점에서 부교재 500권을 주문 받을 수 있을 것 같은데, 한 가지 조건이 있어요. 값을 깎아달라는 거예요. 그러면 구매를 생각해보겠다고 하는데, 어떻게 하면 좋을까요?" 하는 보고가 있었다.

M소장은 그때 바로 결론을 말하지 않고, "자네라면 몇 %나 빼줄 수 있겠나? 그리고 그 근거도 이야기해보게" 하고 K군에게 숙

제를 내고 다음날까지 생각해보라고 했다. K군은 원가표나 과거의 청구서 등을 살펴보고, 다음날 "△△이므로 3%가 한계라고 생각합니다"라고 보고를 했다. 그 말을 들은 M소장은 최근 라이벌 출판사의 동향과 인쇄 원가가 내려가고 있는 점에 대해 자세히 설명을 해주고 '5% 인하'를 지시했다. 이러한 일련의 과정 속에서 K군은 회사를 둘러싼 상황을 보다 깊게 인식할 수 있게 되었을 것이다.

이와 같이 부하 직원 스스로 생각하게 하는 지도 방법을 많이 도입해야 한다. 자신의 머리로 생각할 기회를 가지면 지식이나 기술을 빨리 익힐 수 있기 때문이다.

또 M소장은 부하 직원들에게 '왜 그런가'를 이해할 수 있도록 설명한다. 이것이 중요한 부분이다. '무엇을' '언제까지' '어떻게'라고 지시하는 것도 중요하지만 '왜 그런가'를 알기 쉽게 설명해주는 것 역시 중요하다. 즉 'WHAT' 'WHEN' 'HOW'도 빼놓을 수 없다. 하지만 그 이상으로 'WHY'를 중시해야 한다. 물론 부하 직원으로부터 질문이 있으면 정성껏 대답해준다. 혹은 이것도 교육의 기회라고 생각하여 "자네는 왜라고 생각하나?"라고 거꾸로 질문을 해도 좋다.

부하 직원들은 리더의 지시에 이해가 가면 갈수록 더욱 자발적으로 움직인다. 반대로 'WHY'에 대해 이해하지 않은 채 일을 시작하게 되면 움직임이 둔해진다. 그렇기 때문에 이유나 배경을 설명하는 것이 귀찮다며 곧잘 생략하는 게으름뱅이 리더, 혹은 '부하 직원은 그 이유까지 알 필요가 없다' 는 리더는 스스로 자신의 목을 조르고 있는 것이나 마찬가지이다.

목표 · 과제 · 방침은 늘 명확하게 한다

◎ 목표하는 방향을 알면 누구나 의욕이 난다

가전제품 판매 대리점의 점장을 맡고 있는 E군은 매일 아침에 하는 조회를 중시하고 있다. 매월 1일 아침에는 매출 목표를 중심으로 '이번 달의 목표와 과제', 매주 월요일에는 '이번 주의 목표와 과제'를 각각 'WHY'를 달아서 구체적으로 설명하고 있다. 월요일 이외의 날에는 여직원을 포함하여 부하 직원 한 명 한 명에게 '오늘의 나'라는 테마로 발언을 하게 한다. 이것은 발언 그 자체에 목적을 둔 것이 아니라 각자 맡고 있는 역할에 대한 문제 의식을 높이자는 취지에서 하는 일이다.

또 E군은 아침 조회의 내용에 충실하기 위해서 회사 경영 현황과 관련된 여러 수치들도 직원들에게 가능한 한 소상히 알려주고 있다. 본부의 규정에만 따르자면 그렇게까지 할 필요가 없다. 하지만 E군 자신의 판단으로 가능한 한 많은 정보를 알려주고 있는 것이다. E군은 "그냥 일만 하기보다는 일의 목표를 명확히 자각할 때 더 잘하자는 의욕이 나니까요" 하고 이야기한다.

E군의 적절한 리더십 덕택인지 사원 전원이 호흡을 맞추어 일을 잘 하고 있다. 다들 '왜 해야만 하나?'를 잘 이해하고 있는 것이다. 당연히 체인점의 업적도 매우 양호하다.

E군의 훌륭한 점은 본부에서 내려온 지시나 정보를 일단 자기 자신이 소화한 후 자신의 방식으로 부하 직원들에게 전달한다는 점이다. 왜 그렇게 하느냐고 E군에게 물어보았더니, "전국에 있는 150개의 대리점은 놓인 상황이 각각 다릅니다. 나는 우리 대리점에 대해서는 제가 가장 잘 안다고 생각합니다. 그래서 내 방식으로 가공을 하여 전달하지 않으면 부하 직원들의 마음을 설득할 수가 없습니다. 부하 직원들은 항상 진심으로 이해할 때만 나서서 움직여줍니다" 하고 대답했다.

E군은 이와 관련하여 어떻게 하면 'WHY'를 알기 쉽게 설명할 수 있을까를 하고 고심하고 있다.

목표 · 과제 · 방침의 제시는 구체적이면 구체적일수록 좋다. 무엇을, 어느 수준까지, 어떻게, 언제까지, 왜. 이 다섯 가지 요소를 잘 파악하여 알기 쉽게 설명할 필요가 있다. 질문이 있으면 정중하고도 솔직하게 대답해준다.

"잠자코 이렇게 해"하는 식으로 일방적으로 강요를 하면 부하 직원들은 움직이지 않는다. 경우에 따라서는 부하 직원들과 상의를 하면서 조직 전체의 목표·과제·방침을 결정해도 좋다. 부하 직원의 의견을 운영 방침에 반영한다는 것은 전혀 부끄러운 일이 아니다.

목표·과제·방침의 차이점

1)목표 : 노력해서 달성해야 할 성과. 설정 수준은 지나치게 높지도 않고 지나치게 낮지도 않게 '노력하면 어떻게든 달성할 수 있을' 정도로 한다. 커다란 목표는 몇 가지 작은 목표로 분할하여 도전하면 된다.

2)과제 : 해결하기 위해 주어진 문제. 그것을 해결하면 일을 하기가 쉬워진다, 매출이 늘어난다, 생산성이 향상된다, 손님이 기뻐한다 등.

3)방침 : 목표를 달성하거나 과제를 해결하기 위한 행동 원칙. 이 원칙에 기초하여 구체적인 전략이나 전술을 짠다.

◎ 한 사람 한 사람에게 목적 의식을 심자

조직 전체의 목표와 과제가 결정되면 부하 직원 한 사람 한 사람이 달성해야 할 목표와 과제도 명확하게 하는 편이 좋다. 즉 목표나 과제의 차원을 조직에서 개인으로 쪼개는 것이다. 이 작업은 1년에 한 번 정도로는 부하 직원에게 동기를 부여하는 데 부족함이 있기 때문에 가능하면 3개월마다 한 번 정도는 하는 것이 좋다.

여기서도 '무엇을' '어느 수준까지' '어떻게' '언제까지' '왜',
이 다섯 가지를 파악할 필요가 있는데 각자의 경험이나 능력에 맞
게 설정하는 편이 좋다.

이렇게 하기 위해서는 리더가 평소부터 부하 직원 전원의 일하
는 모양, 성격 등을 알고 있어야 한다.

앞에서 이야기한 E군이 일하는 곳에서도 3개월 단위로 개인 목
표를 설정하고 있다. 개인 목표를 설정할 때는 E군 멋대로 하는
것이 아니라 한 사람 한 사람씩 개인 면담을 하여 이해하는 정도
에 맞게 목표를 설정한다. 물론 목표나 과제는 '당사자가 노력하
면 어렵긴 해도 달성할 수는 있는' 수준으로 설정해야 한다. 도전
항목은 사람에 따라서 중점을 두는 방식이 다른데, 매출 실적뿐만
아니라 상품에 대한 지식, 손님을 맞이하는 태도, 수리 기술, 자격
증 취득 등 넓은 항목에 걸쳐 있다.

나아가 E군은 이 면담을 때 부하 직원의 희망 사항이나 고민들
도 함께 들어주어서 가능한 한 그것에 맞게 대처하려 하고 있다.
E군은 남의 이야기 듣기의 명수라는 평판이 자자하다. 바쁜 업무
속에서도 틈을 내어 이러한 시간을 확보하는 것은 결코 쉬운 일이
아니다. 하지만 이렇게 하면 그만큼 성과가 있었기 때문에 다른
일을 미루고서라도 시간을 만들고 있다.

"더 성실하게 일해, 뭐 하는 거냐, 더 열심히 해봐!" 하고 큰소
리만 지르면 부하 직원들이 움직일 것이라는 착각은 버리는 것이

좋다. 역시 E군과 같이 모두가 이해할 수 있는 구조 혹은 시스템을 만들어 직원들 스스로 일할 마음이 들게 하는 것이 앞으로 리더들이 나아가야 할 방향이다.

부하 직원을 이해시키는 업무 교육 방법

◎ '질문 화법'으로 일의 흐름을 이해시킨다

중견 IT 회사에서 기술 지도를 담당하고 있는 K군은 신입 사원이나 중견 사원에게 업무를 잘 가르친다고 정평이 나 있다. K군은 우선 시스템 전체의 목적이나 흐름을 알기 쉽게 설명한다. 그리고 질문을 받는다. 그 다음에는 첫 번째 단계부터 실제로 PC로 프로그램을 운영하면서 '전체 속에서 첫 번째 단계의 자리매김 → 질문 → 시스템의 내용 → 질문 → 프로그램 운영의 포인트 → 질문'의 순서로 설명해간다. 그것이 끝나면 두 번째 단계로 나아가 또 비슷하게 설명과 질문을 교대로 전개해간다.

1) 시스템 전체의 목적·흐름·특징 등 전체상을 이해시킨다

갑자기 세부부터 들어가면 배우는 측은 깊은 숲 속에서 길을 잃은 것 같은 기분이 된다. 어려운 내용일수록 우선은 전체상을 파악시키는 것이 좋다.

2) 각각의 단계마다 세세히 설명한다

전체를 알면 안심하고 세부 사항으로 들어갈 수 있다. 이때도 항상 '전체와 부분'의 관계를 환기시키면서 설명한다. 이 단계에서는 실제로 PC로 프로그램을 운영하면서 이해하도록 하고 있다.

또 필요에 따라서는 K군 자신이 시범을 보인다.

3) 포인트마다 반드시 질문을 받는다

가르치는 측 혼자서 일방적으로 떠들게되면 배우는 측은 싫증이 난다. 게다가 완전히 이해하지 못한 채 다음 단계로 넘어갈 수도 있다. 질문을 받음으로써 쌍방향 커뮤니케이션이 이루어진다.

나아가 K군은 1)~3)의 각 단계마다 'WHY'에 대한 설명에 주력했다는 것도 덧붙여 강조해둔다.

이러한 K군의 교육 방법은 어떤 업종이나 직종에서도 참고가 될 것이다. 배우는 측의 입장에 서면 이 방법의 강점을 이해할 수가 있을 것이다.

◎ '시범을 보인 후에' '시켜보는' 것이 대원칙이다

K군도 염두에 두고 있는 것인데, 리더가 스스로 시범을 보이는 것도 교육을 잘하는 방법의 포인트이다. 특히 컴퓨터나 OA기기의 조작, 고객 접대, 포장 방법, 반품 처리, 전표 기입 등은 스스로 해보지 않으면 확실하게 알 수가 없다. 그래서 리더가 우선 시범을 보이고, 그리고나서 부하 직원에게 시켜보는 것이 좋다. 부하

직원에게 시켜서 아직 부족해 보이는 점이 있으면 한 번 더 시범을 보이고 다시 해보게 한다.

이러한 일련의 과정 속에서도 질문을 받도록 한다. 그 중에는 이해하지 못했는데도 이해한 척하는 사람도 있기 때문에 그런 사람에 대해서는 "이것과 이것을 합치면 1,250엔이죠? 손님이 1만엔을 냈다고 하고, 계산대에서 실제 상황인 것처럼 해봐요" 하고 시켜보는 것이다. 매장에서 손님에게 폐가 가지 않도록 하기 위해서는 기본 교육을 확실하게 실시한 후 현장에 내보내야 한다.

현장에 내보내고 나서도 눈에 띌 때마다 지도를 하거나 주의를 주어서 부하 직원의 능력을 높여가야 한다. 그때는 원 포인트 레슨(One Point Lesson) 같은 형태로 한 번에 한 가지만 짧은 시간 동안에 가르치는 방식이 바람직하다. "봐, 이렇게 묶으면 느슨해지지 않지?" 하고 눈앞에서 일에 따른 구체적인 지도를 하는 것이 좋다. 단 부하 직원에게 일거수일투족을 감시하고 있다는 인상을 주어서는 안 된다. 부하 직원에게 압박감을 주지 않으면서도 지도할 것은 확실하게 파악하고 있다는 느낌을 주는 것이 이상적이다.

부하 직원이 잘못을 했을 때는 감정적으로 야단칠 것이 아니라 "왜 그런 식으로 됐다고 생각하나?" 하는 질문을 던지도록 하자. 상대방을 몰아붙이는 것이 아니라 가능한 한 본인 스스로가 생각해서 대답하게 한다. 실패는 절호의 교육 찬스다. 그런 의미에서 리더 자신의 실패담을 이야기해주는 것도 교육적인 효과가 크다.

사람에 따라서 빠릿빠릿한 사람도 있고, 좀 느린 사람도 있기 때문에 쉽게 익히지 못한다고 해서 너무 초조해하지 말 것. 또 기가 약한 부하 직원의 경우 너무 윽박지르면 위축되어 버리기 때문에 작은 실수는 보고도 못 본 척해 줄 수도 있어야 한다. 이런 세밀한 대응을 위해서라도 부하 직원 한 사람 한 사람의 특징·성격을 잘 파악해둘 필요가 있다.

일을 맡길 때의 핵심

◎ '혼자 일 다하기' 는 금물이다

리더로서 책임을 다해야 한다면서 뭐든지 자신이 직접 다 하려고 하는 사람이 있다. 이른바 '혼자 일 다하기' 란 습성이다.

어느 생활용품 메이커의 개발팀 팀장인 I씨도 그런 스타일의 사람이다. 선배들을 뛰어넘어 1년쯤 전에 주방 용품 부문 개발 리더로 성장을 했는데, 그녀는 주위의 기대에 부응하고자 시장 조사, 소재 연구, 개발 실험, 기획서 정리, 사내 사전 조율, 그리고 광고 선전에 이르기까지 전부 자신이 도맡아 다 하려고 한다. 사내의 라이벌인 다른 개발팀에 지고 싶지 않다는 생각도 남들보다 두 배나 강하다.

I씨의 팀은 그녀를 포함하여 여섯 명의 스태프가 있는데, 솔직히 말해서 멤버인 I씨에 대한 시선이 곱지 않다. 가장 큰 이유는 '일을 독점하기 때문' 이라고 한다. I씨에게 같은 팀에서 일하는

다른 다섯 명의 멤버들은 장기의 말 같은 존재일 뿐 그들의 개성을 이해하거나 의욕을 끌어내는 일에는 전혀 관심이 없다. '내가 생각하는 대로 움직여주기만 하면 된다'고 생각하고 있는 것이다.

다른 다섯 명의 멤버들은 I씨에 대해서 "노른자위는 자기 혼자 다 차지한다", "우리들을 발판으로 삼아 출세하려고 한다"는 등 뒤에서 비판을 하고 있다. 표면적으로는 팀장 장단을 맞추고는 있지만 내심 이미 같이 일할 의욕을 잃었다.

I씨가 그런 이기적인 생각을 하고 있는 것은 아니라 해도 다른 사람들이 그렇게 받아들이고 있는 한 효과적인 리더십을 발휘할 수는 없다. "뭔가 이상해" 정도는 I씨 자신도 느끼고 있지만, 설마 부하 직원들이 자신을 그런 식으로 생각하고 있다고는 꿈에도 생각하지 않고 있다.

I씨는 리더는 모든 것에 머리를 들이대고 다 간섭해야 한다고 착각하고 있는 것 같다. 리더인 팀장의 본래 임무는 일하는 사람들 모두에게 목표나 방향성을 제시하고, 자신은 그들을 위한 연락·조정의 키 포인트가 되어 그들이 일하기 쉬운 환경을 만들어주는 데 있다. 그러므로 역할 분담이 된 각각의 실무는 각 담당자에게 맡겨두는 것이 좋다.

물론 맡길 때에는 사전에 업무 추진 방법을 충분히 협의할 필요가 있다. 하지만 그 다음은 눈 딱 감고 맡겨두어야 한다. 다소 불안한 마음이 들더라도 그렇게 확실히 맡겨주지 않으면 부하 직원들은 성장할 수도 의욕을 가질 수도 없다. 리더인 팀장은 적시에 보고를 받고, 적절한 판단을 내리고, 최종적인 책임을 지면 되는 것이다.

◎ 자신이 성장한 계기를 되돌아봐라

눈 딱 감고 맡긴다고 해도 무조건 그렇게 하라는 것은 아니다. 거기에는 리더 나름의 생각이 있어야 한다.

기본적으로 부하 직원에게 플러스 알파의 힘이 필요한 일을 의식적·계획적으로 부여하는 것이 중요하다. 현재 보유하고 있는 능력에 플러스 20~30%의 힘이 요구되는 일이 좋다. 부하 직원이 아직 해본 적이 없는 일을 맡긴다든가, 혹은 같은 업무지만 기대치 수준을 높이는 식으로 일을 맡겨야 한다. 이렇게 하면 부하 직원은 준비 단계부터 긴장을 하게 되는데, 그 긴장이 성장의 추진력이다.

또 능력이 조금 부족하더라도 의욕이 있는 부하 직원에게는 '실패도 공부'라는 점을 생각해서 큰맘을 먹고 일을 맡겨보는 것도 좋다. 물론 실패하면 커다란 타격이 될 업무는 그렇게 해서는 안 될 것이다. 하지만 그 정도가 아니라면 큰맘을 먹고 부하 직원에게 맡겨보자. 꼭 하고 싶다는 부하 직원이라면 그의 의욕을 높이 평가해주자는 것이다.

그다지 경험은 없지만 리더에게 지도 받는 것을 싫어하고, 뭐든 스스로 하고 싶어하는 독립심 왕성한 부하 직원이 있다고 하자. 이런 타입에게는 '보고만은 제대로 한다'는 약속을 하게 하고 눈 딱 감고 맡겨보는 것도 좋다. 중간에 간섭하고 싶어져도 참는다. 그렇게 하면 "맡겨줬는데" 하고 분발하여 제법 좋은 성과를 거두는 법이다.

그와 같은 부하 직원에 대해 "내가 말하는 대로 움직이지 않는다"라든가 "예쁜 맛이 없다"고 경원시할 것이 아니라 "그렇다면 자유로이 개성을 발휘하게 하자"라고 발상을 전환하자는 것이다. 앞으로는 색다른 능력이 있는 사람을 배제할 것이 아니라 잘 끌어들여서 활약의 장을 마련해주는 도량이 리더에게 요구된다. 결과적으로 조직에 공헌하게 하면 좋은 거니까.

여기서 리더인 당신은 '나는 언제 가장 성장했나?' 하고 돌아보자. 그러면 아마 자신의 역량에 비해 수준이 높은 일을 맡게 되었을 때, 시시각각 다가오는 긴장 속에서 심장이 터질 것 같은 마음으로 일을 담당했을 때가 떠오를 것이다. 그것에 비해 보유하고 있는 능력의 범위 내에서 해낼 수 있었던 '처리 업무'는 자신의 성장으로 연결되지 않았다는 사실 역시 기억이 날 것이다. 부하 직원들도 마찬가지이다.

그 한마디가 부하 직원을 움직인다

◎ 말이 부족한 것이 트러블의 원인이다

"왜 처음부터 그렇게 이야기해주지 않았습니까?" "일일이 그런 것까지 이야기해주지 않아도 상식이지, 너도 참."

한 백화점의 화장품 코너에서 여성 매니저 N씨와 여점원 S양이 언쟁을 하고 있다. S씨는 당장이라도 눈물을 흘릴 것만 같다.

고객에게 보내는 DM 엽서를 쓰는 방식이 발단이었다. 오전에 N매니저는 S씨에게 "이 엽서 30장, 미안하지만 오늘 저녁까지 '기다리고 있겠습니다'란 말을 첨가해줄래?" 하고 지시를 하고 회의 관계로 외근을 하고 돌아와서 S양이 쓴 엽서 30장을 보았는데, 앞면의 제일 아래쪽에 작은 글씨로 '기다리고 있겠습니다'라고 쓰여 있었다. 그래서 N매니저는 황당하다는 표정으로 "너, 생각 좀 하면서 일할 수 없니? 뒷면 상품 사진 아래가 비어 있잖아. 여기다 썼어야지" 하고 야단을 쳤던 것이다.

과연 이 두 사람 어느 쪽이 잘못된 것일까? 결론부터 이야기하자면 매니저 N씨다. 물론 S씨의 비상식적인 일 처리에도 문제가 없다고는 할 수 없겠지만 그런 실수를 한 것은 S씨뿐이 아니다. 매니저 N씨가 조금만 더 신경을 썼더라면 이런 실수가 얼마든지 일어날 수 있는 일이라는 것을 알 수 있었을 것이다.

리더에게 '이 정도 일은 당연' 한 일이겠지만 부하 직원에게는 그렇지가 않은 일이 많다. 이런 이유 때문에 트러블은 끊임없이 일어난다. 말했다, 말하지 않았다는 결말이 나지 않는 논쟁도 많다. 그렇게 되면 매니저 N씨의 예처럼 부하 직원과 감정적으로 대립하게 될 뿐만 아니라 비용도 증가하게 되고, 이중으로 작업을 하게 되는 등으로 큰 손실을 보게 된다.

이런 일이 일어나지 않게 하기 위해서는 조금이라도 문제가 될 만한 것은 항상 만약을 대비해서 미리 설명해두는 신중함이 있어야 한다. 복잡한 지시인 경우에는 반드시 메모를 하게 할 것. 그리고 리더의 지시를 잘 못 알아듣고도 그냥 넘어가 버리는 부하 직원도 있을 수 있기 때문에 항상 지시가 끝나면 "지금까지의 이야기에 대해 질문 있는 사람?" 하고 질문을 받도록 한다.

특히 기가 약한 부하 직원인 경우에는 잘 모르면서도 아는 척하는 경우가 많기 때문에 요주의할 것. 얼굴색 등을 보고 정말로 아는 것인지 어떤지를 판단할 필요가 있다. 불안한 경우에는 반드시 뭔가 질문을 해보는 것도 좋다.

◎ 부하 직원의 능력이나 성격을 배려하자

"장소는 나한테 맡긴다고 말했잖아요."

"분명히 그렇게 이야기하긴 했지, 그래도 ○○호텔 같은 고급 호텔을 예약하다니."

여기서도 리더와 부하 직원이 언쟁을 하고 있다. 아무래도 사원 MT를 위한 숙박 장소에 관한 트러블인 것 같다.

여기서도 부하 직원이 상식이 없어 일어난 일이기 때문에 질책을 들어 마땅하겠지만 리더의 지시 방법에도 문제가 있었던 것은 아닐까? 몽땅 맡길 것이 아니라 사원 1명당 책정된 예산과 묵을 장소가 저렴한 콘도 수준인지, 아니면 예산에 개의치 않고 묵을 호텔 수준인지를 명시한 다음에 "그 다음은 맡길 테니까"하고 이야기했어야 했다. 게다가 평소에 그 부하 직원의 일하는 모습을 보아왔다면 '그에게는 세세한 부분까지 이야기해두는 편이 나아' 하는 정도의 판단은 있었어야 마땅하다. 이것은 앞에서 이야기한 S씨의 경우에도 마찬가지이다.

사원 MT 트러블인 경우는 그래도 낫다. 리더의 지시가 모호했기 때문에 손님에게 폐를 끼치거나 회사에 손해를 입히는 경우도 있다. 외제차를 판매하는 회사에서 정비 부문 리더를 맡고 있는 W군도 그런 이유 때문에 쓰라린 경험을 해야 했다.

어느 날 손님이 후부 도어의 찌그러진 곳을 고쳐달라는 의뢰해왔다. 가져온 차를 보았더니 그다지 어려운 일이라고는 생각되지 않았기 때문에 부하 직원 A군에게, "너한테 맡길 테니 내일 중으로 고쳐놓도록"하고 지시를 하고 퇴근을 했다. 그런데 다음날 출근을 해서 보니 "그게 아무래도 잘 안 되네요"하고 우는소리를 한다. 그래서 차를 보았더니 이게 웬일인가, 찌그러진 부분이 어제보다 세 배나 커져 있었다.

"뭘 한 거야?"하고 추궁을 하니 A군은 울음을 터뜨릴 것 같은 얼굴로 "안쪽부터 두드렸더니 찌그러진 부분이 점점 더 넓어졌어요"하고 대답을 한다. 그때 W군은 A군에게 수리를 맡긴 것을 후회했지만 이미 뒤늦은 후회였다.

결국 손님에게 성의를 다해 사죄를 하고 변상금까지 지불해야 했다. 그 금액도 적은 액수가 아니었다. W군은 그 일로 관리 책임을 제대로 하지 못한 것에 대해 시말서를 써야 했다.

그 이후 W군은 부하 직원에게 일을 지시할 때는 그 일의 진행 방법에 대해서 세세히 확인을 하기로 하고 있다.

이제 W군은 "전적으로 일을 맡기는 것도 중요하지만 WHY나 HOW TO에 대해서 사전에 충분히 대화를 하는 것이 필요합니다. 또 하루에 한 번은 꼭 보고를 하도록 지시를 하고 있습니다"라고 이야기한다. 그리고 "부하 직원의 능력이나 성격이 다양하기 때문에 지시를 내리는 방법도 상대에 따라서 조금씩 바꾸기로 했습니다"라고 이야기해주었다.

W군은 아무래도 실패로부터 소중한 것을 배운 것 같다.

부하 직원의 보고는 항상 신중하게 받아들인다

◎ 보고 · 연락 · 상담하는 습관을 철저히 하자

신도시의 한 대형 서점에서 점장으로 일을 하고 있는 H군은 자기도 모르게 들고 있던 수화기를 떨어뜨릴 뻔했다.

"네? 1주일 전에 저희 T군에게 전화로요?"

힘이 빠져서 수화기를 내려놓은 H군은 아르바이트를 하는 T씨에게 화가 끓어올라서 "어째서 그렇게 중요한 일을 이야기해주지 않은 거야!" 하고 마음속으로 외쳐댔다.

내용인즉슨, 내일 서점 근처에 사는 베스트셀러 작가 O씨를 서점으로 초빙하여 사인회를 열기로 되어 있었다. 그래서 도매상에 요새 막 나온 O씨의 신작 소설을 200권 정도 주문했는데, 지금 도매상 담당자에게 확인 전화를 해보니 "재고가 별로 없어서 내일까지 200권 납품은 무리이며, 50권이라면 어떻게 해보겠다"는 것이었다. 그래서 H군이 "왜 좀더 일찍 이야기해주지 않았느냐"고

따졌는데, 담당자는 "1주일 전에 그쪽 담당자 T군에게 연락을 했습니다" 하는 게 아닌가? H군은 처음 듣는 이야기였다. 담당자인 T군은 어제부터 휴가를 내서 친구들과 스키를 타러 갔다. 모든 게 헛수고였다.

"3일 전에만 알았더라면 어떻게든 손을 써볼 수 있었는데……" 하고 통탄을 하는 H군.

물론 일을 잘못 처리한 것은 T군이다. 그렇다해도 T군은 서점에서 일을 한 지가 벌써 1년이나 되었는데…… 스키 생각만 머리에 차서 정신이 나갔던 것일까?

점장인 H군의 지도에도 혹시 문제가 있었던 것은 아닐까? 평소에 보고 · 연락 · 상담의 소중함을 부하 직원이나 아르바이트 학생에게 확실히 심어줘야만 했던 것은 아닐까?

'일이 끝나면 반드시 보고를', '도중에 예기치 않던 일이 일어나면 보고를', '정보는 재빨리 연락을', '어떻게 할지 망설여지면 상담을', '나한테서 그건 어떻게 됐어 하는 말을 듣지 않도록', '부재중일 때에는 반드시 메모를 남길 것' 하고 철저히 '보고 · 연락 · 상담'을 하도록 요구했어야 하지 않나?

'왜 보고 · 연락 · 상담이 중요한가(WHY)'를 이야기할 때에도 그것을 게을리 했기 때문에 일어난 낭패와 손실 등의 예를 들어 확실히 이해시켜 두어야 한다. 그렇게 했더라면 이번 T군의 연락 미스도 방지할 수 있지 않았을까?

보고 · 연락 · 상담의 경우만 그런 것이 아니다. 부하 직원을 지도 육성하는데 있어서 '습관화'가 얼마나 중요한가를 이번 기회에 H군은 명심했기를 바란다. 여기서도 H군 자신이 솔선수범하여 본부나 상사에 보고 · 연락 · 상담하는 일을 모범적으로 하는 습관을 들여야 한다. 그러한 태도는 부하 직원들에게도 반드시 전해지는 법이다.

자, 나머지 150권은 어떻게 할까? — 서둘러 대책을 마련해야지.

◎ 여유 있는 자세로 커뮤니케이션을 하라

부하 직원이 모처럼 보고 · 연락 · 상담을 하자고 하는데 "나중에 하지. 지금 바빠" "그런 건 스스로 판단해" 하고 뚝 짤라 이야기하는 매정한 태도를 보이게 되면 그때 부하 직원은 "이제 보고 · 연락 · 상담 따위를 하나 봐라" 하고 샐쭉하고 말 것이다. 또 "뭐, 그런 것도 몰라?", "몇 번이나 이야기해야 알아듣겠나!" 하고 부하 직원의 자존심을 건드리는 말을 할 경우에도 역시 "이제 보고 · 연락 · 상담 하나 봐라" 하고 생각하게 될 것이다. 부하 직원의 보고 · 연락 · 상담을 험악한 얼굴을 하거나 차갑게 대하지 말고 가능한 한 여유 있는 태도를 갖고 받자.

바쁠 때에 보고 · 연락 · 상담이 들어오게 되면 "혹시 바쁘지 않으면 10분 정도 기다려주겠나?", "바쁜 일인가? 혹시 나중에 해도 괜찮다면 이 일이 일단락된 다음에 내가 그쪽으로 가지"하고 구체적으로 이해를 구하는 것이 좋다. 너무나 상식적인 것이어서 충분히 혼자 판단할 수 있는 일일 것이라는 생각이 들더라도 "그런 건 스스로 판단해"라고 하지말고, "맡길 테니까 스스로 생각해서 해보게"하는 방식을 취하자.

어떤 상황이라도 부하 직원이 보고·연락·상담을 하러 온 것 자체는 격려하고 평가해주도록 한다. 가령 부하 직원이 '아차!' 하는 실수를 보고했을 경우에도 "실수를 하면 안 되지만 빨리 이야기해줘서 잘됐군"하고 그 나름대로 평가를 해준다. 그렇게 하면 그 뒤로도 뭔가 상황이 발생하면 바로 보고·연락·상담을 하러 오게 될 것이다.

보고·연락·상담을 받을 때는 가능한 한 듣기의 명인·질문의 명인이 되도록 노력하자. 보고·연락·상담을 하는 부하 직원에게 "과연", "응, 그렇군", "그래서"하고 응대를 하고, "왜 그렇게 됐지?", "언제부터 이런 상태였나?", "다른 방법은 생각할 수 없나?" 하고 질문을 던지자. 그렇게 하면 대화에 리듬이 생겨 상대방도 이야기하기가 쉬워진다.

설명이든 설교든 자기 혼자서 계속 떠드는 것은 좋지 않다. 그런 식의 태도를 보이면 부하 직원은 점점 고개를 수그리고, 마음속으로 '잘도 떠드는군. 이제 보고·연락·상담 따위를 하나 봐라' 하고 생각해버릴 것이다. 혼자서 너무 많이 이야기를 하는 경

향이 있다는 것을 자각하고 있는 리더는 일부러라도 가끔은 "자네
는 어떻게 생각하나?", "어떻게 하면 좋다고 생각하나?" 하는 질
문을 던지도록 하자. 보고·연락·상담의 커뮤니케이션은 부하
직원에 대한 절호의 교육 기회이기도 하기 때문에 경우에 따라서
는 답을 바로 주지 않는 편이 좋은 때도 있다.

지시대로 움직이지 않는 부하 직원과
어떻게 함께 할까

◎ '이해시키기' 위해서는 연출도 필요하다

사전에 세세한 사항까지 주의를 주어서 지시를 했는데도 막상 일을 대하게 되면 엉뚱한 방향으로 움직이는 부하 직원들이 있다. 액세서리 판매 체인점의 여성 점장을 하고 있는 U씨에게도 그러한 부하 직원이 두 명이나 있어 머리를 아프게 했다.

한 명은 지난달 들어온 F양인데, 그녀는 몇 번씩 주의를 주어도 "어서 오십시오" "감사합니다" 하는 목소리가 너무 작다. 아예 인사말을 안 하는 때까지 있다. 휴식 시간에는 상당히 큰 소리로 떠드는 것을 보면 소리를 낼 마음만 먹는다면 낼 수 있을 텐데……. 최근에 U씨는 "그녀에게는 더 이야기해봤자 소용이 없어" 하는 심정으로 아예 포기한 상태다.

그러나 여기서 U씨가 F양에 대한 지도를 포기하는 것은 손님에게 죄송한 일일뿐만 아니라 리더로서의 책임 또한 방기하는 것이기도 하다. 회사나 상사는 U씨에게 U씨 개인의 목표치 달성뿐만 아니라 부하 직원에 대한 지도도 잘해줄 것을 기대하고 있는 것이다.

F양은 "왜 인사말을 보다 큰소리로 해야 하는가"를 이해하지 못하는 것이리라. 그러니 큰소리로 인사를 하려는 마음이 들지 않을 것이다. F양의 경우 손님이 없는 데서 아무리 열심히 지도를 해도 효과를 기대할 수가 없다. 이럴 때 U점장으로서는 자기 자신이 계산대 옆에 서서 손님을 큰소리로 맞이하는 장면과 F양과 같이 작은 소리로 맞이하는 장면을 비교하여 보여주는 것이 최고다.

F양에게는 "아무것도 안 해도 좋으니까 보고만 있어"란 말만 해두면 된다. 그렇게 하면 큰소리로 맞이할 때와 작은 소리로 맞이할 때 손님이 보여주는 태도가 전혀 다르다는 것을 느끼게 될 것이다. 이 이상 설교 따위는 할 필요가 없다. 단지 "자아, 열심히 합시다"란 말만으로도 좋다.

F양처럼 '안 되는 이유'를 모르는 부하 직원에게는 손님의 입장이 되게 해서 자신의 일하는 모습을 체크시키면 좋다. 그때는 말로만 설명하는 것이 아니라 실제로 그렇게 하는 모습을 연출하여 보여주면 쉽게 이해할 수가 있다. 단 빈정거리는 것으로 받아들이지 않도록 '깔끔하게, 담백하게' 연출하고, 그 뒤로도 이러니저러니 설교하지 말 것.

연출해 보이는 것과는 별도로 조회 등을 통해서 "우리는 손님으로부터 월급을 받고 있으니까"란 것을 반복하여 강조할 필요가 있다. "그렇기 때문에 우리들 자신의 사정보다 손님의 기분을 우선합시다. 프로답게 합시다"라고.

◎ 때로는 엄한 태도를 보이는 것도 중요하다

U점장에게 또 한 명 문제의 부하 직원이 있는데 그는 K씨의 1년 후배다. K씨는 U씨의 지시를 흘려 듣는다고나 할까? 지시를 자기 나름대로 해석하여 멋대로 처리해버리는 경향이 있다. 예를 들면 "보증서에 담당자 사인을 할 때는 알아보기 쉬운 글씨로 써라" 하고 몇 번이나 주의를 줬는데도 K씨는 연예인 사인처럼 약자를 계속 쓰고 있다. 또 "카드로 10만 엔 이상 사는 손님의 경우 반드시 카드 회사에 신용 여부를 의뢰해 보도록" 하고 지시했는데도 바쁠 때에는 그것을 생략하고 있다.

다행히 지금까지 그것 때문에 커다란 문제가 생긴 적은 없었지만 U점장으로서는 상당히 걱정이다.

그 나름대로 경험을 쌓아왔다고 생각하는 K씨는 자기가 일하는 방식에 상당한 프라이드를 갖고 있다. 그러다 보니 자기 방식만을 고집하고 있는 것이다. K씨에게는 U씨의 지시가 어리석게 여겨진다. "사인, 그거 어떻게 하든 별로 문제가 없는 것이 아니지 않느냐?"는 것이다. 입사한 지 몇 년쯤 된 사원에게 자주 보이는 타입이다.

K씨의 경우 역시 '손님은 이것을 어떻게 생각할까' 하는 고려

가 빠져 있다.

U씨가 걱정하고 있는 것처럼 사인이 남이 읽기 어려울 경우 손님에게 폐를 끼치는 결과를 가져올지도 모른다. 손님이 뭔가 문의를 하려고 하는데 글씨를 읽을 수가 없다면 "일부러 못 읽는 글씨를 써놓은 것 아니냐" 하고 오해를 할 수도 있다. 그렇게 되면 업소의 신용도 문제가 된다.

U씨로서는 손님 입장에 서서 K씨에게 엄하게 주의를 줘야만 한다. 나아가 왜 알기 쉬운 글씨로 사인을 해야 하는지에 대해서도 잘 설명할 필요가 있다. 어쩌면 K씨는 약자로 쓴 사인이 멋있다고 생각하고 있는 것은 아닌지……

카드 회사에 대한 신용 문의 건도 "그런 사기꾼이 우리 가게에 올 리가 없어"라는 착각이 그렇게 만든 것은 아닐까? 하지만 매장에는 귀금속도 다루기 때문에 심지어 도둑도 드나들 수가 있다.

이것은 돈까지 걸려 있는 문제이기 때문에 더욱 엄격한 태도를 취해야 한다. U씨로서는 "문의하는 것이 그렇게 귀찮다면 하지 않아도 좋다. 하지만 만약 무슨 문제라도 일어날 때에는 당신에게 전액 변상을 시킬 테니까, 그렇게 알고 있어"라고 이야기해도 좋다. 나아가 카드 사기를 보도한 신문 스크랩을 보여주거나 자신이 보고들은 그런 종류의 사건을 구체적으로 이야기해주자.

그리고 마지막으로 K씨에게 다음과 같은 구원의 말을 한다.

"자네가 열심히 하지 않으면 이 가게는 잘되지 않을 거야."

자기 자신의 판단에 자신을 가질 수 없을 때는 어떻게 해야 하는가?

◎ 조령모개의 용기를 갖자

막상 일을 하다보면 처음에 예상했던 것과는 사정이 아주 다른 경우가 많이 있다. 그럴 때에는 상황을 잘 파악하여 방침·전술을 유연하게 변경해야 한다. 한 번 정했으니까 라며 고집스럽게 일을 추진하려고 들면 상황이 악화될 수가 있다. 하찮은 자존심에 연연하여 확신도 없이 계속 끌고 나아가는 것이 가장 나쁘다.

리더로서 모든 사람들을 리드해 나갈 때에는 등산의 리더와 마찬가지로 상황에 따라서는 '돌아설 줄 아는 용기'를 가져야 한다. 또 '자신의 잘못도 인정할 줄 아는 용기'가 필요하다. 실제로 행동으로 옮기는 게 쉽지만은 않겠지만 그것을 할 수 있어야 진정한 리더이다. 조령모개(朝令暮改 : 아침에 명령을 내리고 저녁에 다시 고친다는 의미)는 좋지 않다고들 하지만 부하 직원이나 멤버에게 변경의 이유를 잘 설명하면 반드시 이해해줄 것이다. 일을 둘러싼 상황은 시시각각 변화하고 있기 때문에 조령모개도 허용된다. 그런 일에 너무 신경을 쓰면 스스로 자신의 손발을 묶는 결과를 낳는다.

어느 TV 방송국의 젊은 PD Y군은 성격이나 일하는 모습이 화근이 되어 제작 회사의 스태프나 시나리오 작가들에게 나쁜 인상을 주었다. 그것은 Y군이 자신의 존재를 과시하고 싶어서 이미 결정된 시나리오를 멋대로 변경하는 일이 잦았기 때문이다. 그래서 드라마가 좋아진다면 그나마 괜찮은 일이겠지만 거의 대부분의 경우 좋아지기보다는 나빠지기 때문에 스태프들이 싫어했던 것이다. 아무리 스태프가 "이대로 괜찮겠는데" 하고 의견을 내더라도 "내 말이 안 들려?" 하고 호통을 치면서 억지로 자신의 생각만을 밀고 나가는 Y군이었다.

Y군 자신도 도중에 '좀 안 좋은데' 하는 느낌을 갖는 일이 많이 있었지만, 그럴 때에도 '이제 와서 원상태로 되돌리기는……' 하는 생각 때문에 그대로 밀어붙이는 경향이 있다. 당연한 결과겠지만 Y군이 담당하는 드라마는 낮은 시청률이 계속되었고, 상부에서도 "그는 크리에이터로서 능력이 없다"고 하여 사무직 파트로 이동시킬까 하는 이야기까지 나오고 있다. 모든 것은 Y군 자신이 뿌린 씨앗이다.

그리고 몸 상태가 안 좋을 때나 초조할 때에는 중요한 판단을 하지 않도록 하자. 그럴 때는 종종 잘못된 판단을 내리게 되는 경우가 많기 때문에 (시간적 여유가 있다면)판단이나 결론을 뒤로 미루는 편이 좋다. 상대방이 아무리 재촉을 하더라도 "잠시 생각하게 좀 해줘"라고 넘기자. 초조한 상태에서 결론을 내면 좋은 일이 없다.

◎ 다른 사람의 힘을 어떻게 빌릴까

PC 전문점 점장을 하는 N군은 신상품에 대한 정보를 비롯하여 가격 인하율, 고장 문제 등 무엇이든 모르는 것이 있으면 바로 본부에 물어보면서 일을 처리하고 있다. 또 아르바이트 학생이나 손님에게서도 겸허한 마음으로 배우려고 한다.

N군은 이야기한다. "업계의 동향이 변화무쌍하기 때문에 사방팔방에 안테나를 세워두지 않으면 안 돼요. 일단 아는 거라도 다시 한 번 확인한다는 의미에서 가급적 주변으로부터 가르침을 받도록 하고 있지요"라고.

렌터카 회사의 영업 소장인 W군도 손님의 소리에 세심히 귀를 기울이며, 그 가운데 중요한 의견은 본부에 보고를 하고 있다. 그렇게 일을 처리한 것이 취급하고 있는 차종이나 요금을 책정하는 면에 있어서 지금까지도 상당한 도움을 주고 있다. W군은 밝은 표정으로, "앞으로도 본부에 의견이나 아이디어를 내지 않으면 재미없을 것 같네요"라고 이야기한다.

비즈니스 잡지의 부편집장을 맡고 있는 O군도 무엇이든 모르는 것이 생기면 여기저기 그 분야에 대해 잘 알고 있는 사람에게 전화를 걸어 확인을 한다. 며칠 전에도 '주식 시장의 최근 현황'에 대해서 전문가에게 이야기를 들은 적이 있다. O군은 몇몇 다른 업종 교류 모임에도 참가하고 있어 인맥이 넓다. 또 '아는 사람의 아는 사람'의 루트를 통해서 정보를 모으거나 사람을 소개받는 일을 아주 자연스럽게 하고 있다. O군은 이야기한다. "상대로부터 정보를 얻기 위해서는 이쪽에서도 정보를 줘야 합니다. 흔히 기브앤드테이크라고 이야기하는데, 항상 마음가짐은 기브앤드기브가 아니면 안 됩니다. 우선 이쪽이 상대방에게 도움이 되겠다고 하는 마음이 중요합니다"라고.

중견 건축 회사의 현장 감독을 하고 있는 D군은 장기간 현장에 박혀 있는 경우가 많기 때문에 자신의 회사로부터 소원해지기가 쉽다. 그래서 그는 가능한 한 자투리 시간이라도 내서 직장 상사나 선배, 회사 동료나 후배들과 커뮤니케이션을 하려고 노력하고 있다. 특히 직속 상사와는 한잔하면서 상담을 하거나 회사 전체의 동향 등에 대한 이야기를 듣는다. 어젯밤도 하청 관리에 대한 고민을 놓고 상담을 한 적이 있다.

D군은 햇볕에 탄 얼굴로 "회사에서 멀리 떨어져서 일을 하고 있으니까 고립되고 외로워져서 힘들어요. 그래서 우선 내 쪽에서 회사 사람들과 접촉을 시도하지요" 하고 이야기한다.

이 4명의 리더에게 공통되는 점은 본인들이 앞장서서 다른 사람들의 지혜를 빌리려고 한다는 점이다. 스스로는 아무것도 생각하지 않고 바로 다른 사람에게 기대기만 한다면 문제이겠지만, 일 처리에 뭔가 불안한 부분이 있거나 잘 모르는 점에 대해서 "죄송합니다, 좀 가르쳐주십시요", "상담을 하고 싶은데요" 하고 접근하는 것은 매우 바람직한 행동이다.

체크 항목	YES	NO
1. 부하 직원에게는 이해할 때까지 '왜 그런가'를 설명한다		
2. 언제나 조직 전체의 목표나 과제를 분명하게 하고 있다		
3. 한 사람 한 사람마다 개인 목표/과제를 분명하게 제시하고 있다		
4. 일을 가르칠 때는 '전체→부분'을 명심한다		
5. '시범을 보이고' 난 후에 '시켜본다'를 실천하고 있다		
6. 부하 직원의 창의적인 연구를 중시한다		
7. 의식적으로 어려운 일을 주려고 한다		
8. 모호한 지시를 내리는 일은 없다		
9. 지시를 내릴 때는 부하 직원의 성격이나 능력도 고려한다		
10. 평소에 보고·연락·상담을 철저히 하게 한다		
11. 보고·연락·상담을 받을 때는 주의해서 잘 듣는다		
12. 적당히 일하는 부하 직원에 대해서는 엄하게 하는 일도 있다		
13. 자신감이 없는 채로 달려나가는 일은 없다		
14. 자신감이 없을 때는 앞장서서 다른 사람의 지혜를 빌린다		
15. 경우에 따라서는 조령모개를 할 용기가 있다		

03

Leadership in

**Making bad relationships good
and good relationships better...**

제 3 장

20대 리더의 인간관계 핵심

the Twenties

주의를 줘야할 때는 솔직하게 이야기하는 것이 좋다

항상 긍정적인 결과를 머리 속에 그리자

남의 말을 잘 듣기 위한 세 가지 포인트

능숙하게 야단치는 법과 10가지 철칙

평소의 배려가 사업을 키운다

진심으로 대화하면 마음이 전달된다

◎ **주의를 줘야 할 때는 솔직하게 이야기하는 것이 좋다**

20대 리더는 아직 한참 경험이 부족하지만 반면에 강점도 갖고 있다. 그 강점이란 '솔직함'이다. 말을 골라서 할 필요는 있지만 생각한 것을 솔직하게 이야기함으로써 상대방의 마음을 열 수가 있다.

낚시 용품점 점장을 맡고 있는 A군은 일에 무척 열심일 뿐만 아니라 부하 직원이나 아르바이트 학생에 대한 요구 또한 엄격하다. 며칠 전에도 아르바이트를 하는 H군에게 "거기까지 얘기가 진행됐는데 손님을 놓쳐버리면 안 되잖아. 상대방은 '확실하게 잘 낚여요'라는 이야기를 듣고 싶어하는 거니까, 그렇게 이야기해줬어야지. 사람이 좋기만 해선 장사가 안 돼" 하고 주의를 준 적이 있다. 마지막 한마디는 톤이 상당히 강렬했지만 그 말투가 솔직했기 때문에 H군으로서도 순순히 받아 드릴 수가 있었다.

A군은 부하 직원이나 아르바이트하는 학생에게 할 말은 분명히 하는 것을 원칙으로 하고 있다. 그렇게 하지 않으면 업무가 개선되지 않고, 그 결과 손님의 기대에 미치지 못해 매출 실적이 떨어지기 때문이다.

사실 A군도 예전에는 부하 직원들한테 심한 말을 해서 미움을 사고 싶지는 않다고 생각하고 이렇게 한 적이 있었다. 그런데 잘못된 업무 태도를 보고도 못 본 척한다거나 자기 관리를 제대로 하지 않는 것을 그냥 보아 넘겨준다거나 하는 사이에 실적은 점점 초라해져만 간 적이 있다.

그래서 궁지에 몰려 고민에 빠진 A군은 '직장은 역시 업무를 제일로 생각해야 한다'는 데까지 생각이 미쳤다. 당연하다면 당연한 일이겠지만 A군이 그것을 인식할 때까지는 상당한 시간이 필요했다. 지금 A군은 이야기한다. "단순한 친목 집단이어선 안 돼요. 지금은 문제가 있다는 걸 알게 되었을 때 즉각 주의를 주고 있습니다. 그때 개인적인 감정을 넣어서 이야기하면 서로 뒤끝이 안 좋기 때문에 업무적인 문제점만 엄하게 지적하고 있습니다. 저로서는 그것이 깔끔하다고 생각합니다"라고.

나아가 A군으로부터 들은 얘기인데, 그렇게 하고 났더니 예전보다도 부하 직원들한테 더 많이 신뢰받는 느낌이라고 한다. 겸허한 A군이 말하는 것이므로 확실할 것이다. 이것은 무슨 까닭일까. 결국 부하 직원들도 잘못했을 때에는 엄하게 주의를 듣는 게 마땅

하고, 그리고 그것이 더 믿음직스럽다고 생각하고 있다는 이야기다.

A군은 마지막으로 "엄하게 주의를 주었는데 때로는 그것이 내가 잘못 안 것이었던 경우도 있습니다. 그럴 때에는 부하 직원이나 아르바이트하는 학생에게 '미안, 잘못했다'고 사과합니다"라고 부언했다. 그런 A군의 순진함도 별나게 뒤끝이 없는 것과 관련되어 있을 것이다.

◎ 고압적인 태도는 '자신이 없다'는 것의 반증이다

부하 직원에 대해서 회사의 논리만을 내세우거나 원칙만을 되풀이하는 리더가 있다. 신사복 판매 체인의 부점장인 E군도 그런 사람 가운데 한 사람인데, 예를 들어 조회 때마다 매출 실적을 올리자고 소리 높여 외치기는 하는데 늘 이야기하는 내용이 일방적이어서 부하 직원들이 지긋지긋해하고 있다. 오늘 아침 E군의 연설은 다음과 같은 것이었다.

"알았나. 매출 실적 10% 상승이 우리 점포에 주어진 목표다. 어떤 일이 있어도 달성해라. 가족이나 친구라도 데려와서 매출을 올려! 의욕이 없는 놈은 그만둬도 좋다."

여기에서는 부하 직원을 배려하는 마음이 전혀 느껴지지 않는다. 이래서는 부하 직원의 마음에 불신만 키울 뿐이다. 또 E군은 가끔 부하 직원이 상담을 하러와도 독선적인 태도밖에 취하지 못한다. 늘 초조한 상태여서 남의 말을 잘 듣지 않는다.

며칠 전에도 부하 직원 K군이 "오늘 들어온 이 재킷, 어디다 진열할까요?" 하고 상담을 하러 왔는데, "그런 건 니가 알아서 해. 그것 때문에 비싼 월급 받는 거잖아" 하고 굉장히 짜증난 얼굴로 쏘아붙인 적이 있다.

E군은 부하 직원이나 아르바이트에 대해 의식적으로 벽을 쌓고 있는 것처럼 보인다. 늘 가면을 쓰고 있고, 결코 자신의 진짜 얼굴을 보이려고 하지 않는다. 특히 자신의 약점을 보이고 싶어하지 않는다. E군은 '저놈들과 나이 차이가 별로 안 나니까 이렇게 해야만 권위를 유지할 수 있어'라고 오해하고 있는 것은 아닐까? 부하 직원들과 진심을 갖고 이야기하는 일이 없고, 그들의 소리에 귀를 기울이는 일도 없다. 부하 직원들의 희망이나 불만 사항은 들어줄 필요가 없다고 생각하는 것 같다.

E군이 부하 직원들과 진심을 갖고 대화를 하지 못한다는 것은 이러쿵저러쿵 어떤 이유를 갖다 붙인다 하더라도 결국은 자신감이 없기 때문일 것이다. 벽을 만들고 고압적으로만 관리함으로써 자기 자신을 지키려고 하는 것이다.

역설적으로 들릴지 모르겠지만 가끔 자신의 인간적인 약점을 드러내 보일 때 부하 직원들이 잘 따라온다. 또 E군의 경우는 부하 직원 한 사람 한 사람의 입장이나 생각을 이해해주기 위해 더욱 노력해야 한다. 만약 부하 직원들이 "우리 E씨는 일에는 깐깐한 사람이지만 인정이 있어"라고 생각하게 된다면 그들도 활기차게 일을 하게 될 것이다. E군도 어서 이 점을 이해하지 않으면 결국에는 막다른 골목에 부딪히게 될 것이다.

리더의 태도는 부하 직원에게 어떠한 영향을 미치는가?

◎ 늘 긍정적인 결과를 머리 속에 그리자

어느 호텔에서 프론트 서브매니저로 일을 하고 있는 T군은 거기서 함께 일을 하는 젊은 사람들에게 입버릇처럼 "빨리 제대로들 일 좀 해줘. 앞으로 우리 호텔은 적극적으로 전국 확대를 추진할 테니까, 그러면 ○○군도 한 호텔을 맡아야 할 입장이 될 거야"라고 이야기한다. 부하 직원들은 이렇게 장래의 목표를 제시해주는 말을 들을 때면 긴장하여 정신을 바짝 차리고 '더 잘해야지' 하는 마음을 갖게 된다.

20대 리더는 경영자가 아니기 때문에 부하 직원 한 사람 한 사람의 명확한 미래상을 그려주는 것이 어렵다. 하지만 그렇다하더라도 가능한 범위 내에서 "열심히 하면 장래에는……" 하는 목표를 제시해주도록 하자. 그러한 배려도 없이 단지 "더 열심히 해"라고만 해서는 부하 직원들이 움직이지 않는다.

T군의 호텔은 최근 근처에 대형 호텔이 오픈하면서 손님의 수가 감소하는 추세에 있지만, T군은 부하 직원들에게 비관적인 말은 하지 않는다. 오히려 불안을 안고 있는 부하 직원들을 다음과 같이 격려하고 있다.

"한동안은 새로운 것에 대한 호기심 때문에 그쪽으로 가는 손님도 있을 것이다. 그러나 우리 호텔은 지금까지 해온 정성 어린 접대를 더욱 철저히 하면 된다. 그렇게 하면 손님들은 결국에는 우리 호텔로 다시 돌아올 것이다. 모두들 자신감을 가져라."

T군에게 그런 말을 들으면 모두들 왠지 기분이 밝아져서 "좋아, 잘해보자!" 하는 마음이 든다고 한다.

T군 자신의 말을 들어보면, "솔직히 말해서 나도 다소 불안할 때가 있지만 부하 직원들 앞에서 그들과 똑같이 불안해하는 모습만큼은 보이지 않으려고 합니다. 긍정적 사고, 긍정적 사고 했지만 사실 그것은 부하 직원들에게 이야기한 것 이상으로 나 자신에게 한 말이지요." 상당한 마음 씀씀이다.

이와 같이 격려하는 데 명수인 T군이지만, 거꾸로 부하 직원들이 방심하고 있으면 "그런 식으로 일하면 후배들한테 밀린다", "그러면 ○○호텔과 서비스 차이가 없잖아? 그렇게 하면 저 호텔이 새로 문을 열었기 때문에 손님이 그쪽으로 가버려!" 하고 엄하게 주의도 주고 있다. 즉 부하 직원을 지도하는 데서 완급을 조절하고 있는 것이다.

◎ 나만이 옳다고 생각하지 마라

가끔 부하 직원들이 T군에게 직장 내 인간 관계에 대해 고민을 상담하러 오는 일이 있다. 대부분의 경우 부하 직원은 자신의 입장이나 사정을 설명하고, 상대방의 문제점을 지적하거나 비판한다.

그럴 때 T군은 가능한 한, "그 친구가 너무 솔직하다 보니까 말이 막 나온 걸 거야. 금방 말실수를 했다고 생각할 거야. 나쁜 녀석은 아냐", "하지만 그 친구, 그렇게 보이긴 해도 제법 인정도 있어. 지난번에는……", "뭐, 누구라도 어느 정도의 결점은 있어. 그 친구의 경우 재주가 없어서 일을 익히는 데 남보다 시간이 걸리는 게 결점인 셈이지. 초조해하지 말고 긴 안목으로 봐줘" 하고 상대방에 대해서 감싸준다. 나아가 상담을 원한 당사자에게도 장점을 인정해주고 구체적으로 칭찬을 해준다. 이렇게 하여 '어느 쪽이나 다 소중한 인재'라는 것을 이해시킨다 — 이것도 T군 류의 긍정적 사고다.

인간 관계에서는 T군 자신도 지금까지 상사나 연상의 부하 직원들과의 관계로 고민한 적이 있다. 특히 서브매니저로 승진한 지 얼마 안 됐을 무렵 자신보다 나이가 많은 S군과 감정적으로 대립한 적이 있다. S군의 입장에서 보자면 T군이 선배인 자신을 제치고 서브매니저로 승진한 것이 기분 나빴을 것이다. S군이 별것 아닌 것을 구실로 반항적인 태도를 취했기 때문에 온후한 T군도 상당히 화가 나 "선배라고 해서 그냥 넘어가진 않겠어요!"라고 강하

게 어필한 적도 했다. 그후로도 S군의 아니꼬워하는 듯한 태도가
마음에 거슬려 잠들지 못하고 불면에 시달린 적도 있었다. 이러한
두 사람의 험악한 관계는 약 반년 동안이나 계속되었다.

그러던 어느 날 T군은 생각 끝에 상사인 M매니저에게 상담을
했다. 장소는 회사 근처 선술집이었는데, 그때 역시 '내가 옳고,
나쁜 건 S선배'라는 생각을 갖고 상담을 했었다. 그것도 상당히
흥분을 해서……

한바탕 이야기를 끝냈을 때 M매니저는 불쑥 다음과 같이 이야
기했다. "T군, S란 놈을 용서해주지. 그러나……" 단지 그 말뿐이
었다. 한 순간 침묵이 흘렀다. T군은 "용서하고 말고가 아니
라……"라고 대답하는 게 고작이었다. 뭐랄까 입맛이 찝찝했지만
겨우 그 말만하고 말았다.

T군은 M매니저의 이야기 속에서 자신에게도 상당히 문제가 있
다는 생각이 들었다. 서브매니저로 승진한 것 때문에 "무시당해선
안 돼" 하고 너무 목에 힘을 주고 다닌 것이다. 그 힘의 무게가 S
선배에게 전해져서 괜스레 반항적인 태도를 불러왔다는 것도 알
게 되었다.

그 이후 T군은 S군을 가능하면 호의적인 시선으로 보고, 일을
지시하거나 부탁을 할 때에도 선배로서 대우를 하면서 지시나 부
탁을 하기로 했다. 그 결과 두 사람의 관계는 조금씩 호전되어, 지
금은 매우 협조적인 분위기가 되었다.

정보는 가능한 한 공유할 수 있도록 개방한다

◎ 정보를 차단하면 인간 관계도 단절된다

회사나 직장 상사로부터 입수한 정보는 가능한 한 빨리 부하 직원이나 파트 타이머와 공유하도록 하자.

정보를 공유한 부하 직원은 조직의 상황이나 방침을 보다 빠르고 명확하게 이해할 수 있고, 자신의 역할도 새삼 올바르게 인식할 수가 있다. 때때로 손님에게 새로 입수한 정보를 제공해줌으로써 그 손님을 기쁘게 할 수도 있다. 이렇게 새로 입수한 정보를 공유하려는 리더는 부하 직원에게 신뢰를 받는다.

내가 이만큼 이야기했어도 소귀에 경 읽기처럼 흘려 듣는 리더가 있다. 게임 소프트웨어를 만드는 회사에서 개발을 리드하고 있는 S군도 그런 사람 중의 하나다. S군은 성실한 기술자이기는 하지만 어딘가 업무 추진 방식에 문제가 있는데, 특히 부하 직원과의 커뮤니케이션이 부족하다는 점이 걱정된다.

S군 밑에는 5명의 후배가 있는데, 그는 위에서 내려온 정보를 의식적으로 차단하는 일이 종종 있다. '이런 것까지 알릴 필요는 없다' 라든가 '이것은 나만 알고 있으면 된다' 고 생각하는 경향이 있는데, 아마 그 이면에는 '정보를 내가 관리함으로써 리더로서의 권위를 유지한다' 는 속 좁은 생각이 깔려 있는 것 같다.

본인에게 그것을 확인하려고 하면 당연히 부정을 하겠지만 제3자의 입장에서 보면 그렇게 생각하지 않을 수가 없다. 실제 그의 부하 직원들은 모두 그렇게 생각하고 있다. S군이 없는 곳에서 그들은 "우리들에게는 아무것도 얘기해주지 않는다니까", "일을 하기가 힘들어", "별 볼일 없는 정보까지 독점하는걸" 하고 험담을 한다. 물론 퇴근 후에 동료들과의 교제도 없고 팀워크도 뿔뿔이 모래알이다.

이래 가지고는 팔리는 게임 소프트웨어를 개발하기가 어렵다. 젊은이의 마음을 두근거리게 하는 신상품을 세상에 내놓기 위해서는 개발자 자신이 스스로 즐기면서 게임을 만들어야 한다. 그렇게 하지 않으면 독창적인 아이디어나 유연한 발상이 나오지 않는다.

S군의 예에서 볼 수 있는 것처럼 정보를 차단하면 할수록 리더와 멤버 사이에 벽이 생긴다. 반대로 적극적으로 정보를 공유하게 되면 부하 직원은 더욱더 생동감 있게 일을 한다. 직원들은 자신이 하는 일과 관련한 정보를 잘 파악하고 있을 경우 일을 더 자주

적으로 하게 된다. '그랬구나, 그런 거라면 열심히 해야지' 하는 마음이 드는 것이다. 그러므로 '어째서?(WHY)'라는 부하 직원의 의문에 성실하게 답을 하는 것이 동기 부여의 중요한 포인트다.

◎ 인포멀한 정보에 대해서는 입이 무거운 것이 최고다

그 중에는 'S군까지만 알고 있도록' 하고 지시되는 정보도 있을 것이다. 그런 경우는 그렇게 처리하면 된다. 그러나 그러한 예외적인 케이스를 제외하고는 가능한 한 직원들과 정보를 공유할 수 있도록 전해주어야 한다. 모두 사람들을 불안하게 만들 정보라 하더라도 숨기는 것보다는 알리는 것이 좋다. 그리고 나서 긍정적 사고로 격려하면 된다. 그것이 리더로서의 역할이다. 가장 안 좋은 것은 정보가 부족한 멤버들이 소문에 사로잡혀 일을 손에 잡지 않게 되는 것이다.

그러나 '입이 가벼운' 리더여서는 안 된다. '입이 가벼운' 리더란 일에 관계가 없는 소문 따위를 흥미 위주로 부하 직원의 귀에 소곤거리는 사람이다. "여기서만 하는 얘긴데……"가 특기인 사람이라고 할 수 있다.

인포멀한(informal) 정보에 대해서는 그것이 정식으로 발표될 때까지 입 밖에 내서는 안 된다. 무엇이든 방정맞게 떠들고 다닌다는 것은 위에서도 아래에서도 가벼운 인간으로 치부되어 리더십 운운할 상황이 아니게 된다. 인포멀한 정보에 대해서는 입이 무거울 필요가 있다.

또 신뢰하는 부하 직원에게는 나서서 정보를 알려주고, 신뢰하지 않는 부하 직원에게는 정보를 차단하는 경향이 있는 리더가 적지 않은데, 부하 직원들은 그것을 민감하게 알아차린다. 그러나 어떠한 이유에서든 정당하지 않게 정보를 차단하려는 경향이 있는 리더는 부하 직원이나 멤버들에게 똑같은 대우를 받게 될 것이라고 각오를 단단히 해두는 편이 좋다. 아래로부터 정보가 들어오지 않거나 적절한 보고 · 연락 · 상담이 이루어지지 않는다는 이야기다.

부하 직원의 진심은 이렇게 해서 끌어내라

◎ **남의 말을 잘 듣기 위한 세 가지 포인트**

상대방이 직장 상사이든 부하 직원이든 그의 입에서 진심을 끌어내게 되면 그 뒤에 취할 수 있는 행동이 상당히 소프트해진다. 진심을 끌어내기 위해서는 상대방의 마음을 조금씩 열어갈 필요가 있다. 여기서는 상대방의 마음을 여는 방법에 대해 정리해보자.

우선은 상대방에게 가능한 한 이야기를 많이 시키는 것이다. 그렇게 하기 위해서는 듣기에 명수가 되어야 하는데 그 포인트는 다음과 세 가지이다.

1) 끄떡거림 2) (공감의) 맞장구 3) 핵심을 찌르는 질문

이 세 가지를 실천하면 상대방은 점점 마음을 열고 진심으로 이야기하게 된다.

1)에 대해서는 설명이 필요 없을 것이다.

2)를 구체적인 말로 나타내면, "응, 그건 그래" "과연, 맞다 맞아" "그거 굉장한걸" 등이 되겠는데 보통은 1)을 동반한다. 이렇게 맞장구를 치게 되면 상대방에게 공감·지지의 마음이 전해진다. 말을 하지 않아도 "당신을 인정합니다"라는 기분이 전해지는 것이다.

3)의 '핵심을 찌르는 질문'을 함으로써 상대방의 '더 이야기하고 싶은' 욕구를 채워줄 수가 있다. "그건 ……입니까?", "왜 그런 것에?", "그건 훨씬 전부터?", "혼자서?", "어디 어디에?"와 같은 질문을 받음으로써 상대방은 '이 사람이 내 이야기를 잘 들어주고 있구나' 하고 친근감을 느끼게 된다.

그러나 형사가 심문을 하듯이 하게 되면 역효과를 내게 된다. 핵심을 찌르는 질문이란 '마침 잘 질문했다'는 반응을 얻어내기 위한 질문을 말한다. 그런 질문을 하기 위해서는 상대방의 이야기를 잘 듣고, 그것을 호의적으로 받아들이는 것이 우선이다. 물론 '더 알고 싶다'는 호기심 또한 중요하다.

상대방에게 조언을 하거나 주의를 줄 때에도 항상 "○○해야 한다"는 식으로 이야기하기보다는 "나도 잘 모르겠지만, ○○라는 건 어떨까?", "○○라는 방식으로 생각해 볼 수는 없나?", "이 이외에 다른 방법은 없나?"와 같이 때때로 변화를 시도해보는 것도 좋다. 특히 상대방이 직장 상사이거나 그 분야의 베테랑, 또는 자존심이 강한 사람일 때 이 방식은 아주 효과적이다.

이와 같이 '질문'은 사용 방법에 따라서 고도의 커뮤니케이션으로 기능할 수가 있다. '질문'이란 단순히 상대방에게 '무엇을 물어보는' 것이 아니다.

◎ 나부터 발가벗고 공감을 나타내라

앞에서 맞장구를 치면서 공감을 표현할 수도 있다고 이야기했는데, 더 직접적인 공감의 표현을 입으로 이야기하는 것도 중요하다. 예를 들면 "정말 그렇게 생각해요", "잘 알아, 잘 알고말고", "네가 이야기한 대로야" 등등.

사람은 누구나 인정받고 싶어한다. 그러한 욕구를 채워주면 상대방은 마음을 열고 진심으로 대화를 나누려고 한다. 핵심을 찌르는 말, 공감하는 말을 할 잘 하기 위해서는 상대방의 입장이나 사정을 배려하는 '살피는 마음'이 있어야 한다.

어느 백화점 식품 매장의 주임 N군은 파트 타임으로 일을 하는 직원들의 불만을 잘 들어준다. N군은 우선은 이야기를 잘 듣고 나서, "그래, 확실히 이 인원으로는 힘들겠군", "분명히 마음이 맞는 사람과 그렇지 않은 사람이 있긴 있어"라고 공감을 나타낸다. 그리고 나서 자기 나름의 생각을 "그냥 말야, ……", "그게 그런데, ……" 하고 이야기한다. 그러면 파트 타임 직원들은 N군의 이야기를 잘 들어준다. 그가 먼저 공감해주었기 때문이다.

N군은 파트 타임 직원들에게 뭔가 주의를 줄 때에도 불쑥 이야기할 것이 아니라 우선은 상대방의 입장이나 사정에 이해를 표시한 다음에 주의를 준다. 예를 들면 몸이 편찮으신 아버지를 마중 나가거나 배웅해드리느라 지각한 파트 타임 직원에게 "그것 참 힘들겠군. 잘 알겠어. 하지만 연락도 없이 지각을 하면 다른 사람에게 폐가 되니까 앞으론 어떻게든 지각만은 하지 않도록" 하는 방식으로 주의를 주면 파트 타이머들도 순순히 받아들일 것이다.

N군은 파트 타임 지원들 앞에서 자신을 윗사람으로 여기게끔 행동하지 않는다. 오히려 자신이 업무상 저지른 실수담이나 실연담을 아무렇지도 않게 이야기해서 그녀들을 즐겁게 한다. 그래서인지 때때로 그녀들에게서 인생 상담을 받는 경우도 있다. 이것도 형태를 바꾼 공감의 표시 방법이다.

N군과 같이 자신의 결점을 드러냄으로써 상대방의 경계심이나 마음의 벽을 허무는 방법을 몸에 익힌 사람이 성숙한 인간이라고 할 수 있다.

부하 직원이 '그렇게 할 마음'이 들게 하는
감정 표현법

◎ 부하 직원의 의욕을 끌어낸다 ─ 장점 신장법

상대방에게 공감을 표현하는 방법으로 '칭찬'을 하는 것도 좋은 방법이다. 누구나 칭찬을 받으면 기분이 좋고, 자신감이 생기고, 의욕이 나고, 칭찬을 해준 사람에게 호의를 갖는다.

때때로 칭찬을 해주면 '지나침은 모자람만 못하다'고 자신감과잉이 빠져버리는 사람도 있지만, 그것은 그것대로 주의를 하면 될 일이다. 그러한 마이너스적인 측면에 너무 신경을 쓰지 말고, 칭찬을 잘 하는 사람이 되어 조직과 멤버 한 사람 한 사람의 기량을 활성화시켜 나가자.

미국의 초등학교·중학교에는 칭찬을 잘 하는 선생님이 많다고 한다. 학생이 공부나 스포츠에서 조금만 잘해도 "Very Good!" 하고 칭찬을 한다. 그것도 다른 학생과 비교하는 것이 아니라 수준이 좀 낮은 토마스군이라 하더라도 토마스군 나름대로 열심히 하면 "Very Good!"인 것이다. 이러한 교육법을 '장점 신장법'이라고 한다. 그 반대가 단점 교정법인데, 어떤 방법이 교육에 더 효과적인가 하면 압도적으로 장점 신장법이다.

칭찬을 잘 하는 사람이 되려면 상대방을 잘 관찰해야 한다. 그리고 아무리 작은 것이라도 눈에 띄면 "많이 좋아진걸", "이거 좋구나" 하고 말로 표현하여 칭찬을 해준다. 그때 '어디가, 어떻게 멋있는지'도 구체적으로 이야기해주자.

또한 리더는 격려도 잘 하는 사람이 되어야 한다. 한 항공 회사의 스튜어디스로 활약하고 있는 Y양은 언니 같은 데가 있어서 후배 스튜어디스로부터 이것저것 상담을 받는 경우가 많다. 어제도 손님한테 심하게 야단을 맞고 자신감을 잃은 후배 M양이 "얘기 좀 들어주실 수 없나요?" 하고 상담을 요청해왔다. M양의 이야기에 의하면 손님이 부탁한 음료를 다른 일에 정신을 빼앗겨서 잊어버리는 실수를 저질렀다는 것이다.

그래서 M양은 자신감을 잃고 있었다. "이게 처음이 아니라 지금까지 한 번도 아니고, 두세 번씩이나 이런 일이 있었어요. 저는 아무래도 스튜어디스가 안 맞나 봐요."

그것에 대해 Y양은 "그런 건 큰 실수도 아냐. 나 같은 경우는 손님의 머리에 주스를 쏟은 적도 있었는데, 그 손님이 완전 민대머리였어. 그래서 내가 손수건으로 머리를 쓱쓱 닦았더니 화가 나서 펄펄 뛰더라구…… 그건 또 아무것도 아니야, 이런 일도 있었는걸……" 하고 꼬리에 꼬리를 물고 실패담을 들려주었다. Y씨의 재미있는 이야기를 들은 M씨도 곧 밝은 기분이 되었다. 끝으로 Y 씨는 "너, 앞으로 더 많이 실수하지 않으면 좋은 스튜어디스가 될 수 없어"라고 어드바이스를 했다.

한마디로 이야기해서 '격려'도 여러 가지 격려 방법이 있는 것이다.

◎ 말로 해야 비로소 기분이 전달된다

리더가 명심할 것으로 '고맙다'고 생각만 해서는 안 된다는 것이다. 물론 '미안하다'고 생각만 해서도 안 된다. 자신의 기분을 말로 소리내어 전달해야만 상대방에게 당신의 마음이 전해진다. '이야기하지 않아도 알아주겠지' 하는 생각은 통용되지 않는다.

어떤 레코드 회사에서 디렉터를 하는 T군은 주위 사람들이 뭔가를 해주면 바로 "고마워요", "덕분에 살았어" 하는 감사의 인사를 빠뜨리지 않는다. 그 상대가 부하 직원이나 아르바이트 학생이어도 반드시 감사의 마음을 전한다. 또 감사의 말을 할 때에는 '어디가, 어떻게 고마웠나'를 구체적으로 이야기한다.

T군은 "가장 경계해야 할 것은 '그 정도는 당연하다'고 생각하는 태도입니다. 그런 뻔뻔스런 인간이 되지 않도록 늘 주의하고 있습니다"라고 이야기한다. 그래서인지 T군은 스태프의 두터운 신뢰를 받고 있고, 하는 일마다 좋은 성과를 내고 있다.

사과의 말도 잘할 수 있어야 한다. 주위 사람들에게 부담이나 폐를 끼쳤을 경우에 "미안하다", "죄송하다"고 순순히 사과할 수 있는 리더가 되자. 작은 자존심에 연연하여 머리를 숙이지 못한다면 그런 사람은 아직 인간으로서 성숙하지 못한 사람이다. 둘러대기, 변명만 많은 인간도 마찬가지이다.

사과의 말을 잘할 수 있게 되기 위해서는 먼저 자신이 상대에게 폐를 끼쳤다는 사실에 대한 자각이 요구되는데, 최근에는 이러한 자각이 부족한 사람들을 자주 보게 된다. "네? 내가 어디가 나빠요?" 이런 사람들은 나쁜 뜻으로 이야기하는 것은 아니지만 무신경한 사람이다. 리더가 이런 스타일일 경우 멤버들은 '무신경한' 사람이라고 여기고 신뢰를 보내지 않게 된다.

남에게 감사를 하거나 사과를 하는 것은 솔직 · 담백 · 순박하지 않으면 할 수 없는 일이다. 특히 사과를 하는 것은 자신의 책임이나 미숙함을 인정하는 것이 되기 때문에 실제 실행에 옮긴다는 것이 상당히 어렵다. 그렇기에 '솔직 · 담백 · 순박함'은 리더에게 정말로 필요한 조건이라고 할 수 있다.

여기에서는 칭찬, 격려, 감사, 사과의 명수가 되라고 권유해왔는데, 이러한 커뮤니케이션 방식에 숙달되면 리더가 '세세하게 주의를 주고', '엄하게 꾸짖는다'고 해도 부하 직원이나 멤버들은 이해하고 따라온다.

소중히 생각하기 때문에 진정으로 야단칠 수가 있는 것이다

◎ '자상하기 놀이'는 이제 그만두어라

이제부터 리더는 '칭찬을 해서 사람을 키운다'고 하는 것을 기본으로 했으면 하는데, 그래도 꾸짖어야 할 때는 엄하게 꾸짖어야 한다. 부하 직원의 문제 있는 행동을 그냥 봐주고 넘어갈 경우 조만간 큰일을 일으키게 될 것이다. 그러므로 알아차렸을 때 주의를 줘야 한다.

전혀 의욕을 보이지 않을 때, 같은 잘못을 몇 번이나 반복할 때, 반성의 기미가 보이지 않을 때, 둘러대기·변명만 할 때, 이유도 없이 반항적인 태도를 취할 때 — 이럴 때에는 괜히 시간만 끌지 말고 바로 주의를 줘야 한다.

그런데 소프트웨어 회사에서 개발팀 리더를 맡고 있는 O군은 상습적인 지각꾼인 N군, 불평 불만만 많은 A군, 작은 실수가 자주 눈에 띄는 W군 등에 대해서 엄하게 주의를 주려고 하지 않는다. 가끔 주의를 준다 해도 기껏해야 "제대로 좀 해" 정도다.

그것은 O군이 기가 약해서이기 때문인데, 그러면서도 그는 "심한 말을 해서 미움을 사면 인간 관계에 별로 좋지 않으니까", "엄하게 이야기해도 어차피 고쳐지지 않으니까" 하고 자기 나름의 이유를 붙여 그냥 보고 넘어가려고 한다. 그런 대응 모습을 보이니까 부하 직원들은 O군을 우습게 보고 덤벼들게 되고, 그래서 더욱더 상습범이 돼간다.

이래서는 조직의 리더로서 일이 잘될 리가 없다. 이대로 방치할 경우 부하 직원들은 갈수록 나빠질 것이다. O군의 '자상함'은 사실 부하 직원들에 대한 무관심의 반증이다. 그런 '자상하기 놀이'가 계속될 경우 리더인 O군 자신의 의욕도 꺾일 것이다.

부하 직원에게 심각한 문제가 있을 때에는 거기에 개인적인 정서를 개입시키지 말고 업무 위주로 처리를 해야 한다. "그의 행동은 조직의 목표 달성, 팀워크의 유지, 개인의 역할 수행 면에서 어떤가"를 기준으로 판단하면 된다. 그것만으로 족하다. 그리고 'NO'라고 생각하면 상대의 눈을 보면서 "뭘 하는 거야!", "이봐, 그쯤 해둬!", "바보 같은 녀석!" 하고 진심으로 야단을 쳐야 한다.

자신감이 없어 보이는 꾸중이나 어정쩡한 꾸중, 이치만을 따지는 꾸중은 바람직하지 않다. 그러한 대응은 상대방에게 곧 무시당하고 만다. 여하튼 뜨거운 마음으로 꾸짖을 것. 진짜 이것이 부하 직원에 대한 배려이다.

왠지 최근에는 "야단맞아서 기쁘다", "더 꾸짖어줬으면 좋겠다"고 생각하는 젊은이가 늘어나고 있다고 한다. 그러니 더욱 자신감을 갖고 꾸짖어도 좋다. 상대방이 어떻게 생각할까 따위에 신경을 쓸 필요가 없다. 그런 것을 걱정하다가는 리더십을 올바르게 발휘할 수가 없다. "엄하게 지도해서 미움을 산다면 할 수 없는 일이지" 하는 기백으로 임하지 않으면 문제아를 변화시킬 수 없다.

◎ 능숙하게 야단치는 법 — 10가지 철칙

먼저 이런 때는 야단칠 필요가 없다는 이야기부터 시작하겠다.

리더의 지시대로 움직였을 때, 이미 본인이 충분히 반성하고 있을 때, 결과는 나빴어도 과정상 열심히 일한 것이 인정될 때, 이외 다른 정상 참작의 여지가 있을 때 — 이런 때는 "왜 잘 안 됐다고 생각하나?" 하고 질문을 하거나, "내가 적절치 못한 지시를 했어" 하고 사과를 하거나 "그래도 잘했다"고 격려하는 것이 좋다. 누구나 실패의 경험을 하게 마련이라는 것을 가슴 깊이 새겨두자.

그럼 이제부터 '야단치는 법'으로 이야기를 돌리겠는데, 야단칠 때에는 다음 10가지가 포인트다.

1) 눈을 보고 진심으로 야단친다 — 다소 흥분을 해도 좋다
2) 팩트(Fact : 사실)를 중심으로 야단을 친다 — 자료나 데이터를 제시해도 좋다

3) 일방적으로 얘기하지 말고 상대방에게도 질문을 한다 — 그러나 과도하게 몰아대지 않는다

4) 'WHY'를 생각하게 한다, 혹은 알기 쉽게 설명해준다

5) 앞으로 어떻게 해야 하는지를 생각하게 한다 — 경우에 따라서는 문서로 정리하여 제출하게 하는 것도 좋다

6) 다른 부하 직원과 비교하지 않는다

7) 성격적 문제는 끼워 넣지 않는다

8) 전혀 반성하는 기색이 보이지 않을 때에는 업무에서 배제할 수도 있음을 통고한다

9) 짧은 시간에 끝낸다

10) 마지막에 구원이 될 말 한마디를 한다 — 예를 들면 "기대하고 있으니까 잘 좀 해봐", "이번 실수는 ○○군답지 않군"이라고. 그럴 수 없다면 다음날까지 어떤 형태로든 뒷수습을 한다

요컨대 같은 실수를 반복하지 않도록 할 것, 구체적인 개선 · 해결책을 분명하게 할 것, 나중에까지 영향을 미치지 않도록 할 것 등이 포인트다.

이렇게 능숙하게 야단을 칠 수 있게 되면 리더로서 한 사람 몫을 다하고 있다고 할 수 있다. 그렇게하기 위한 전제로서 '야단쳐야 할 때는 야단치는 용기'가 있어야 한다.

'그만두고 싶다' 는 부하 직원은 어떻게 할까

◎ 어디까지나 냉정하게 소프트 터치로

"저어……, 저 그만두고 싶은데요" — U군의 이 말을 들었을 때 I점장의 머리 속은 멍하니 사고가 정지해버렸다. 그것은 점장이 전혀 예상도 못했던 일이었다. '어제까지 평소와 다름없이 일을 했는데' 하는 생각과 '어째서?' 란 생각이 머리를 스쳐 지나갔다.

I점장은 호프집 체인 A점의 책임자인데 늘 학생 아르바이트나 주부 파트 타이머를 구하느라 고생하고 있다. 지금까지는 개점 때부터 자신을 보좌해준 3년차 사원 U군이 있어준 덕에 그럭저럭 꾸려올 수 있었다. 그 U군이 갑자기 '그만둔다' 는 것이다.

I점장은 "어째서 그만둔다는 거야. 지금까지 함께 잘 해왔잖아. 도대체 뭐가 불만이야. 다른 데서 좋은 제안이라도 있었어? 솔직하게 이야기해봐"라고 쏟아 붓듯이 U군에게 말을 해댔다. 스스로

도 상당히 흥분하고 있다는 걸 알 수 있었다. U군은 잠자코 땅만 보고 있다.

이때 I점장은 잠깐 마음을 가라앉히고 여하튼 U군의 이야기를 들어볼 일이다. 가능하다면 근처 커피숍 같은 데로 장소를 옮겨서 이야기를 하자. 일이 끝난 뒤에 천천히 얘기하는 것도 좋다. 우선은 냉정하게 'WHY'라고 이유를 물어볼 것. U군이 "다른 일을 하고 싶어져서요", "이대로 비전이 있는지, 불안해져서요", "지금 받고 있는 대우를 납득할 수가 없어서"……. 이렇게 이야기할 때 "괜찮다면 좀더 구체적으로 얘기해주지?"라고 같이 대화를 나누어보자. 그리고 요령 있는 질문을 통해 U군의 진심을 끌어내보자.

처음에 "얘기를 들어보고, 그렇겠다 싶으면 억지로 붙잡지 않을 테니까"라고 이야기를 시작하면 상대방은 마음을 열고 자신의 생각을 이야기하게 된다. 반대로 "벌써 정했냐?"라는 질문은 하지 않는 것이 좋다. 이때 만약 상대방이 "예"라고 이야기하고 나면 그 이상 대화를 풀어나갈 수가 없게 되기 때문이다. "지금 네가 그만두면 곤란해", "너무 멋대로야"라는 식의 반응도 역효과를 가져오는 경우가 많다.

U군의 얘기를 들으면서 중간에 "그건 말도 안 돼", "무슨 소릴 하는 거야", "아니, 그건 이상해"……. 이런 식으로 끼여들지 말 것. 어쨌든 부드럽게 물어보고 대화를 해야 한다. 상대방이 신뢰하고 있는 사람이 있다면 우선 그 사람에게 설득을 의뢰하고, 그

다음에 리더가 나서는 것도 좋은 방법이다.

◎ 만류할 것인가, 포기할 것인가에 대한 판단의 분기점

상대방의 이야기를 들으면서 혹은 대강의 사정을 들은 뒤 리더
는 '그래도 달래서 붙들어야 하는가?', '포기를 해야 하는가?' 를
판단해야 한다. 그 판단의 기준은 다음 두 가지 점이다.

1) 꼭 남아주었으면 하는 인재인가?

2) 설득 방법에 따라서 번복이 가능한가?

만약 1)도 2)도 'YES' 라고 판단된다면 진득하게 설득을 해야
한다. 그 설득 방법은 상대방의 이야기에 따라 달라지겠만 우선은
상대방의 이유에 대해 일정한 이해를 표시해야 한다. 그리고 나서
다음과 같이 성의를 다해 대화를 하자.

· 자네가 원하는 것을 가능한 한 들어주고 싶다

· 이야기를 듣고 보니 반성이 된다. 나도 자네가 이야기한대로 개
선했으면 한다

· 그러나 개선에는 시간이 걸리는 일도 있다. 이해해주었으면 한
다

· 오해도 있는 것 같으니까 이번 기회에 설명해두고 싶다

· 장래를 무척 기대하고 있다. 이 직장에서도 꿈과 목표를 이룰
수 있을 것이다

"다른 데 가도 마찬가지야"라든가 "생각이 너무 안이해"라는

식으로 이야기하는 것은 좋지 않다. 그런 말을 하면 상대방은 점점 더 굳어버릴 뿐이다.

1)도 2)도 'NO', 혹은 1)은 'YES'지만 2)는 'NO'라고 판단했다면 기분 좋게 보낼 수밖에 없다. 안 된다는 것을 알았으면 "좋아, 그럼 나도 한마디하지" 하고 갑자기 태도를 바꾸는 리더도 있는데, 그것은 그다지 올바른 처리가 아니다. 화가 나기도 하겠지만 그 자리에서 화를 폭발시키는 것은 리더답지 않은 태도이다.

그러한 태도를 취하기보다는 "알았네. 도리가 없군. 단 ○월 ○일까지는 약속대로 일하는 거야" "업무 인계는 △△군하고 ××씨한테 확실하게 부탁해"라고 앞으로의 일을 확인하는 쪽으로 중점을 옮기는 것이 좋다. 또 인원을 보충하는 문제도 서둘러서 생각해야 한다.

부하 직원이나 멤버가 어떤 이유로 그만두었을 때 리더는 언제까지나 실망만 하고 있어서는 안 된다. '나한테 부족한 점은 없었는가?', '조직으로서 고쳐야 할 점은?' …… 이런 것들을 뒤돌아보고 반성을 제대로 해서 개선, 변화·발전의 기회로 삼아야 한다. 엎어져 굴러도 그냥은 일어나지 않는다는 기개를 갖자.

가끔은 바보가 되는 것도 중요하다

◎ **올바른 이야기만으로 일 처리하기에는 너무 갑갑하다**

어느 자동차 회사에서 소모임 활동의 리더를 맡고 있는 O군은 '소모임광', '개선 제안광' 등 뒤에서 안 좋은 소리를 듣고 있다. 그것은 O군이 소모임이나 QC, 업무 개선 제안 등 직장 활동에 열심이어서 휴일에도 집에까지 일을 싸들고 가 온통 회사 일만 생각하기 때문에 얻게 된 평판이다. 최근에는 4년 연속 개선 제안으로 1위 표창을 받은 적이 있다. 사람들로부터 "취미는 있어?"라는 질문을 받은 적도 있었는데, 그럴 때 그는 "개선 제안을 생각하는 게 내 취미야"라고 대답할 정도다.

O군은 원래 성실한 성격이기 때문에 직장 활동에 열심이었다. 그런데 다른 멤버들에게는 그것이 영 달갑지 않은 일로 여겨진다. 그렇지 않아도 일이 바쁜데 하면서 업무 이외의 '직장 활동은 적당히 하자'는 것이 그들의 진심이다. 그래서 O군이 직장 동료들

에게 "소모임 활동이나 QC 활동은 일 그 자체다. 이것은 단지 품질 관리나 비용 절감만을 위해서 하는 것이 아니다. 본인들에게도 여러 가지 메리트가 있다"고 아무리 역설을 해도 그들은 통 귀를 기울이지 않는다.

O군이 이야기하는 것은 물론 일리가 있는 말이다. 하지만 너무나 올바른 이야기만 하다보니 따라갈 사람이 없다. "어째서 잔업이 끝난 뒤에 해야 하는 거야?" "할 필요성은 인정하지만, 그것도 정도 문제야", "다른 그룹은 적당히 하고 있는데……"라는 것이 멤버들의 진심이다.

O군은 그런 멤버들이 안타까워 견딜 수가 없다. 어제도 QC 모임을 열었는데 멤버의 반도 모이지 않았다. "다들 어째서 좀더 진지하게 참가하려 하지 않는 거야" 하는 고민에 빠져 있다.

O군은 모든 사람들로부터 완전히 분리되어 있다. 너무나 완벽한 탓에 인간성이랄까, 애교랄까, 그런 것이 느껴지지 않는다. 'O군 = 개선 제안'으로 보이기 때문에 그 이외의 진정한 모습이 보이지 않는다. 그런 O군과 같이 있으면 갑갑한 느낌이 들기 때문에 다른 멤버들이 가능한 한 거리를 두려고 하는 것이 아닐까?

모든 사람들이 QC 활동이나 개선 제안의 중요성을 잘 알고 있기 때문에 접근하는 방법을 조금 달리해 더 생각해보아야 한다. 늘 직구만 던지지 말고 커브나 포크볼도 익혀야 한다. 그렇게 하지 않으면 주위 사람과 마음과 마음이 이어지는 대화나 행동을 끌어내기가 어렵다. 자동차도 핸들도 다 노는 간격이 있기 때문에 안전하게 달릴 수 있는 것이다.

◎ 때때로 약한 소리를 해도 된다

O군은 최종 목표를 '다 같이 QC나 개선 제안에 발전적으로 참가하는' 것에 두는 것도 좋지만, 그렇게 하기 위해서는 어떻게 해야 하는지 방법론에 대해서 좀더 유연하게 생각하는 것이 좋겠다.

우선은 좀더 멤버와 어울려서 친해지기 쉬운 리더가 되어야 한다. 내 쪽에서 마음 가볍게 말을 걸거나 농담을 하는 등 서로의 벽을 없애도록 하자. 테마를 정해서 대화할 때도 가능한 한 너무 정색을 하고 이야기하지 말고, 모두의 의견을 듣는 입장에서 임하자. 100% 성실한 사람보다는 다소 타락한 데가 있는 사람이 친해지기 쉬운 법이다. 냉정한 태도만 취할 것이 아니라 가능한 한 희로애락을 겉으로 드러내도록 하자. 자신의 실패담도 자주 많이 이야기하도록 하자. 그렇게 하다보면 자연히 실없는 모습도 보이게 될 것이고, 결점을 포함하여 자신이 어떤 사람인지 상대방에게 드러내 보일 수 있게 될 것이다. 그리고 자신이 입바른 소리만 하는 사람이 아니라 편한 사람이라는 것도.

'내 생각이 옳다'라든가 '모두 회사의 방침에 따라야 한다'라고 강요할 것이 아니라 '시간 외 근무까지 하고 싶지 않다'는 멤버들의 심정도 일정 부분 이해하도록 하자. 다른 사람의 적당주의에 좀더 관용을 베풀자. 그러한 따뜻한 시선이 멤버들의 기분을 부드럽게 한다.

QC · 소모임 · 개선 제안 등이 주는 재미나 메리트를 설명할 때에는 원칙만을 이야기할 것이 아니라 자신이 경험 속에서 구체적으로 느낀 것들을 곁들여서 이야기하는 것이 좋다. 나아가 "가끔 싫어질 때도 있었어"라든가 "역시 휴일에는 느긋하게 지내는 게 좋아" 등 이런 약한 소리를 끼워 넣으면서 이야기한다면 다른 멤버들도 귀를 기울여줄 것이다. 반대로 아무리 자기가 주장하는 것이 옳더라도 "개선은 자신들을 위해서 하는 거다" 등 이런 우등생 같은 발언만 하고 있으면 모든 사람들로부터 반발을 받을 것이다. 우선은 "제법 재미있어" 하는 정도로 수준을 맞추는 것이 좋다.

처음 얼마 동안은 "좋아, 좋아. 그 일은 내가 할 테니까" 하고 솔선수범을 보이는 것이 좋겠다. 중요한 것은 QC 활동이나 개선 제안을 하는 습관을 붙게 하는 것이다. 처음부터 초조하게 생각하지 말고 조금씩 그 재미를 느끼게 해주는 것이 좋다. 우선은 A군이 그것을 느끼게 되었다, 계속해서 B군도 그럴 마음이 생기기 시작한다 — 이런 상태로 한 사람씩 멤버를 늘려가면 된다.

활동을 하면서 뭔가 어려운 문제가 나올 경우 혼자서만 고민할 것이 아니라 멤버들과 상의를 하는 습관을 들이도록 하자. 멤버들의 지혜는 빌리면 빌릴수록 좋은 결과를 낳는다. 그렇게 해서 팀워크도 좋아지는 것이다.

신뢰의 힌트는 의리와 인정

◎ **어느 여성 매니저의 '신뢰받는' 비결**

패션 부티크의 매니저를 맡고 있는 G씨는 일 그 자체에 굉장히 엄격한 사람이지만, 밑에서 일하는 여직원들에게도 자상한 배려를 하고 있는 사람이다. 작년에는 본사와 직접 협상을 하여 탈의실과 휴게실을 새롭게 고쳐서 모두가 편히 지낼 수 있게 한 적이 있었다. 또 올해에 들어와서는 여직원들의 희망을 일부 받아들여 출근 교대 시간을 변경하기도 했다.

G씨는 이야기한다. "저는 목표 매출 실적의 달성이나 손님을 맞이하는 태도, 상품에 대한 지식 등에 대한 요구 수준에 아주 엄격합니다. 하지만 그 이외의 부분에서는 가능한 한 여직원들이 이야기하는 것을 들으려고 합니다. 그렇게 함으로써 그들이 의욕을 갖고 일해준다면 회사에도 좋은 일이니까요"라고.

덧붙이자면 작년에는 매출 목표를 10% 웃도는 실적을 올렸고,

올해도 지금까지 매출이 매우 순조로운 상태다. 이런 G씨에 대해 부하 여성 직원들은 "그 사람이 말하는 대로하면 틀림이 없다"라든가 "그 사람을 위해서라면 열심히 할 수 있다"고 절대적인 신뢰를 보내고 있다. 부하 여직원들의 평균 근속 연수도 이 업계에서는 긴 편이라고 한다.

G씨처럼 부하 직원들에게 높은 수준의 업무 능력을 요구할 때는 급여를 포함하여 그에 상응하는 대우를 제공해야 한다. 물론 매니저의 의향만으로 그러한 문제를 직접 해결할 수 없는 경우가 많기는 하겠지만 적어도 그것의 실현을 위해 노력은 해야 한다. 구체적으로는 본사나 상급자에게 건의를 해야 하며, 그렇게 노력하는 모습을 부하 직원들은 가장 잘 직시하고 있다.

G씨가 이번에 본사에 건의하고 있는 것은 장기 여름 휴가다. 지금까지는 7월부터 9월에 걸쳐서 연속 5일간 낼 수 있는 것이 한도였으나 그것을 연속 9일간으로 확충시키려고 노력하고 있다. 이러한 요망 사항도 부하 여직원들에게서 나왔는데, 최소한 9일 정도가 아니면 유럽 여행은 갈 수가 없다는 것이다. 사실 이것은 G씨 자신도 예전부터 희망해온 바이기도 했기 때문에 특별히 힘을 넣어 추진하고 있다.

그렇게 되면 일할 사람을 구해두는 게 큰일이지만, G씨는 7월의 보너스 시즌이 지나면 바쁜 시기도 일단락되기 때문에 머리를 쓰는 데 따라서는 어떻게든 해볼 수 있다고 생각하고 있다. 이미

인원을 보충하는 방법에 대한 시안을 회사에 제출했다. 리더로서 실적을 올리고 있는 G씨의 제안이기 때문에 회사측도 좀처럼 'NO'라고는 이야기할 수 없을 것이다. 현재 신중하게 검토중이라고 한다.

◎ 리더십과 의리나 인정의 관계

최근의 젊은이들은 합리적이고 매몰차다고들 한다. 그러나 한편으로는 점을 보러 다니거나 초자연적 능력을 믿거나 신흥 종교에 입문하는 사람들도 적지 않다. '친구가 생긴다'는 말에 혹하여 다단계 판매에 걸려드는 사람도 있고, '진정한 자신을 알 수 있다'는 말에 자기 계발 세미나를 수강하는 사람도 있다. 요컨대 외로움을 많이 타고, 자신감이 없고, 누군가가 보살펴주기를 바란다.

그런 젊은이들이기 때문에 의리나 인정에 주르륵 눈물을 흘리기도 한다. 그들을 속이는 무리도 그것을 잘 이용하고 있다. 의리나 인정은 직장에서의 리더십과 어떤 관계가 있는지 검토해보자.

리더로서 의리와 인정을 테크닉으로 구사하는 것은 탐탁하지 않지만, 좀전의 G부점장같이 '부하 직원을 생각'하는 마음에서 의리나 인정을 발휘하면 업무에 대한 동기 부여나 인간 관계 면에서 그 나름의 반응을 얻을 수 있을 것이다.

부하 직원들은 자신들에 대한 리더의 의리와 인정이 진짜인지

가짜인지, 순수한지 불순한지를 상당히 정확하게 꿰뚫어보는 법이다.

예를 들어 자신의 파벌을 만들기 위해 부하 직원들에게 술자리를 마련한다면 초대받은 상대방이 여기에 의리와 인정을 느끼기는커녕 오히려 그 리더를 가볍게 보게 될 것이다. 또 부하 직원들의 불평이나 불만 사항에 대해 "정말 그래. 정말 우리 사장님은 바보라니까"라든가 "그래 맞아. 열심히 하는 사람이 바보로 보라니까." 바로 이렇게 부정적 공감대를 확대하려는 리더는 처음에야 어찌 되었건 시간이 지남에 따라 신뢰감이 떨어진다. 부하 직원들은 무의식적이긴 하지만 리더가 자신의 잘못된 생각을 깨우쳐주기를 바라는 마음을 갖고 있다. 그 숨은 기대심에 부응해주는 것이 진짜 리더다.

리더가 의리와 인정을 발휘하고자 할 때는 아무런 보답도 바라지 않든가, 혹은 요구를 한다고 해도 "열심히 일해달라"는 마음에서 끝나야 한다. 특히 부하 직원이 어려울 때나 고민을 하고 있을 때, 불안하게 생각하고 있을 때, 바로 이러한 것들에 목이 말라 있을 때 물은 몇 배나 맛있는 법이다. 이런 때일수록 '보답을 요구하지 않는' 자세로 임해야 한다.

리더가 자기 나름대로 있는 힘을 다해 의리와 인정을 발휘해도 그것에 대한 배려나 어려움이 부하 직원에게 전달되지 않는 경우가 있다. "리더니까 당연하죠" 하는 정도로 받아들이고 말 때가 있다. 그럴 때라도 화를 내거나 봐주고 있다는 식의 생색내는 태도를 취하려고 해서는 안 된다. 태연한 얼굴로 있자. 예를 들어 당사자에게서 반응이 없더라도 당신의 호의를 제대로 보고 있는 다른 사람들이 있을 것이다.

상사를 움직이는 리더가 되라

◎ '타협한다는 것'의 진정한 의미

일을 자신이 생각하는 대로 추진해가기 위해서는 상사와의 관계가 중요하다. 열심히 일하고, 상사와 잘 타협하여 신뢰받는 인간이 되어야 한다. 상사에게 미움을 사거나 상사로부터 낮은 평가를 받고 있다면 부하 직원에게도 리더십을 발휘할 수가 없다.

그러나 '상사와 타협을 한다'는 것은 "아부하라"거나 "자신의 주장을 펴지 말라"는 것을 의미하는 게 아니다. "상사에게 한마디도 아부를 할 줄 모르는 사람은 안 된다"라는 이야기에도 일면 진실이 있지만, 좀더 깊이 생각해봤으면 한다.

'타협을 한다'란 의미는 "상사를 호의적으로 봐라. 상사의 입장도 이해해라. 자존심에 상처를 내지 말아라. 도를 넘는 자기 주장을 하지 말아라. 때로는 나부터 꺾여라"라는 의미이다. 한마디로 말해 '늘 순리에 따르라'는 말이다.

그러한 타협을 할 수 있다면 부디 생각하는 대로 마음껏 상사와 부딪치기 바란다. 사양은 필요 없다. 부하 직원들의 생각을 대변하면 된다. 자신이 생각하고 있는 것을 놓고 부딪쳐도 좋다.

어느 양식 레스토랑의 매니저인 K군은 업소를 방문하러 오는 본사 스태프에게 말을 거침없이 한다. 방문하러 올 때마다 반드시 한 가지는 주문 사항을 건의하기로 정해놓는다. 지난주에는 새로 도입한 스파게티 소스에 대한 문제점을 지적했고, 어제는 레스토랑에서 사용하고 있는 토마토 등 채소의 신선도 대한 문제점을 제기했다.

K군은 싱글싱글 웃으면서 솔직하게 이야기하기 때문에 상대방도 마음을 열고 그의 건의 사항을 들어준다. 좀더 이야기하자면 K군은 본사 스태프의 판단이나 업무 모습을 비판하는 말투는 쓰지 않는다. 오히려 그들의 움직임에 위로나 감사의 말을 늘어놓는다. 또 문제를 제기할 때에도 어떤 이유로 '역시 당장 개선하는 것은 어렵겠군' 하는 생각이 들면 억지로 밀어붙이지 않는다. 시간을 들여서 조금씩 개선해나가는 참을성 강한 성품을 아울러 갖추고 있는 것이다. 이러한 겸허함이 깔려 있기 때문에 상대방도 좋은 느낌으로 K군의 이야기를 들어준다.

K군은 다음과 같이 이야기한다. "만약 내 지적이 정확하다면 모든 점포의 개선으로 이어질 것이고, 그것은 본사뿐만 아니라 우리 레스토랑으로서도 좋은 일이니까 이야기해야 할 것은 이야기하

고 넘어가야지요."

이 말에서도 그의 강한 책임감이 엿보인다. 본부에서도 "모든 매니저가 K군 같은 문제 의식을 갖고 직장을 관리해준다면……" 하고 그를 높이 평가하고 있다.

◎ 평소의 배려가 사업을 크게 성장시킨다

상사를 잘 움직일 수 있으면 20대 리더라고 해도 상당한 일을 해낼 수 있다. 어느 호텔 영업팀 팀장으로 기업 상대의 연회나 이벤트의 세일로 바쁜 나날을 보내고 있는 S군은 지금까지 다양한 아이디어를 실현시켜서 호텔에 보다 많은 수익을 올리는 데 공헌해왔다.

예를 들면 지난 주 개최된 외국 자본이 투자하는 A회사의 창립 20주년 파티에서는 금붕어 낚기, 활쏘기, 가라오케 등의 코너를 만들어 사원들을 아주 즐겁게 하기도 했다. 또 먹을 것으로 타코야키(풀빵처럼 생긴 음식으로 안에 낙지가 들어 있다. 간장이나 소스 등에 찍어 먹는다)나 오코노미야키(우리의 부침개처럼 여러 가지 재료를 넣고 부쳐서 소스를 찍어 먹는다) 코너를 만들어서 '축제 분위기'를 연출하기도 했다.

S군은 영업팀의 리더지만 이러한 기획을 할 때에는 팀원 전체가 참가하여 상대방이 기뻐할 아이디어를 만든다. 그럴 때 문제가 되는 것이 "그런 걸 하면 고급 호텔의 이미지가 손상돼"라든가

"타코야키라니 주방에서 좋은 얼굴을 할 리 없어" 하는 등의 반대론이었다.

그럴 때 S군은 종종 상사인 U과장에게 반대론자들을 설득해달라고 부탁한다. 물론 U과장에게는 사전에 상담을 해둔다. U과장은 평소에도 뭐든 얘기할 수 있는 사이이지만 남들 앞에서는 가능한 한 과장님을 치켜세우도록 하고 있다. U과장도 재미있는 사람으로 "다 같이 날 출세시켜 줘"가 입버릇이다. 그러면 S군 들도 "네, 그것이 우리들이 사는 보람이니까요" 하고 대답한다.

농담은 그렇다 치고, U과장은 스스로 납득할 수 있는 일이라면 경영 간부나 다른 부서의 장에게 머리를 조아리면서까지 부탁을 하러 다녀준다. S군 이하 멤버들은 그런 과장을 신뢰하고 있다.

평소에는 만나지도 않고 지내다가 자기 사정이 생길 때만 상사에게 찾아가 부탁을 하면 상사 역시 사람인지라 좀처럼 그럴 마음이 들지 않을 것이다. 역시 평소의 관계가 중요하다. 그러기 위해서는 앞서 이야기했듯이 언제나 자신들 스스로가 상사에게 다가가야 한다. 상사에 대해 뭔가 배려를 하는 자세가 요구된다. 그러한 것들이 밑바탕되었을 때 비로소 제안한 것에 대한 이해도 얻기 쉽고, 이때다 싶을 때 지원도 해주는 것이다.

S군과 같이 상사를 잘 움직일 수 있다면 큰일을 할 수가 있다. 그리고 그런 S군을 멤버들은 믿음직스럽게 생각하고 있다.

체크 항목	YES	NO
1. 필요할 때는 부하 직원이나 파트 타이머, 아르바이트를 꾸짖을 수 있다		
2. 부하 직원들과 솔직하게 의견을 주고받을 수 있는 분위기를 만든다		
3. 부하 직원들을 긍정적 사고로 격려하고 동기 부여를 한다		
4. 가능한 한 부하 직원들에게 정보를 전해주고 있다		
5. 듣기와 질문의 명수가 되기 위해 노력한다		
6. 칭찬과 격려의 명수가 되기 위해 노력한다		
7. 자신이 잘못됐으면 순순히 사과한다		
8. 야단쳐야 할 때에는 엄격하게 야단을 친다		
9. 야단은 치되 나중에 뒤끝이 남지 않게 주의한다		
10. 부하 직원의 퇴직 의사를 냉정하게 받아들일 수 있다		
11. 부하 직원에게 자신의 실패담이나 농담을 잘 얘기한다		
12. 부하 직원들의 희망 사항을 가능한 한 존중한다		
13. 남을 잘 돌보는 편이다		
14. 상사에게도 할 말은 한다		
15. 상사를 잘 움직일 자신이 있다		

04

Leadership in

Meeting the Challenge of Change & Crisis.

제 4 장

위기에 과감하게 맞서라

the Twenties

궤도 수정은 빨리 할수록 좋다

자신감을 잃는 반성은 하지 마라

좌절하기 때문에 성장할 수 있다

엄격하게 대응할 것인가, 자기 반성부터 할 것인가?

자기보다 나이 많은 부하 직원을 대하는 방법은?

예산이 없다, 사람이 부족하다, 시간이 없다

◎ 제약 조건 속에서 최선을 다한다

예산은 듬뿍, 일손도 충분, 시간도 여유 있다 — 이런 조건 속에서 일을 할 수 있는 경우는 거의 없다. 아니, 그런 업무라면 '일'이라고 할 수도 없을 것이다. 그렇게 하는 일이라면 너무 편해서 기분이 늘어져버려 나 자신뿐만 아니라 부하 직원의 성장·발전도 기대할 수 없다.

제약이 있기에 '일'이며, 그런 제약 조건 속에서 가능한 방법을 찾아내는 것이 프로다. 거기에는 머리를 쓰고 지혜를 짜내는 재미가 있다.

'하지만', '그래도', '어차피' …… 이렇게 힘들다는 말만을 열거하는 것은 아마추어다. 중견 제약 회사에서 신약 개발 프로젝트를 서브리드하고 있는 E군도 그런 아마추어의 한 사람이다. 그는 늘 '시간적인 여유가 더 있어야……', '이런 연구 시설로는……',

'연구원이 겨우 5명뿐이라서……', '미국 대학에 유학을 보내줬으면 좋겠다' 등등 항상 불평 불만만 흘리고 있다.

E군은 개발 리더인 M실장에게서 "자네가 젊은 사람들을 모아서 이끌고 가줬으면 하는데"라는 말을 들어도 그 말을 순순히 들을 수가 없다. E군에게서는 "좋아, 획기적인 신약으로 회사를 부자로 만들고, 그 돈으로 연구 시설을 충실하게 해달라고 해야지. 우수한 인재들을 좀더 많이 채용해달라고도 하고"라는 기개를 느껴볼 수가 없다.

상을 다 차려놓아야 일할 의욕이 난다는 것은 말이 안 된다. 불충분한 환경이라 하더라도 우선은 전력을 다하여 일정한 성과를 거두고, 그것에 대한 평가를 받은 다음 주변 조건을 개선해달라는 발상을 해야 한다. 약한 소리를 내뱉는 멤버에 대해서 "아니, 괜찮아. 시간적으로 빡빡한 건은 사실이지만 모두 다 같이 분담해서 하면 얼마든지 할 수 있어"라고 기운을 북돋워주지 않으면 멤버를 통솔할 만한 리더라고 할 수 없다.

부정적 사고에 빠져 있는 리더는 "모두들 이래 가지고는 무리다"라든가 "회사는 무슨 생각을 하는 걸까" 하는 식의 불평 불만만 다른 멤버들에게 쏟아 붓거나 다른 멤버의 약한 소리에 금방 동조해버린다.

처음부터 혜택 받은 조건 속에서 일을 할 수 있는 것은 행운일 수도 있지만 사람의 성장에 반드시 플러스가 되는 것은 아니다.

오히려 여러 가지 제약 속에서 고민을 하거나 고생을 하는 편이 활기찬 인간으로 성장하는 토양이 된다. 지금의 혹독한 조건을 흔쾌히 받아들이고 그 속에서 전력을 다하여 그 실적을 평가받는 긍정적 사고의 리더가 되자.

◎ 불가능한 이유를 찾지 말고 가능한 방법을 찾아라

지방에서 광고 회사 CM 제작 디렉터인 W군의 경우 단골 거래처의 대부분이 그 지역의 회사나 점포다. 이들 회사나 점포는 대부분이 매체 이용료를 지불하는 것도 힘에 부쳐하기 때문에 제대로 된 텔레비전 CM을 제작할 예산을 확보하기가 좀처럼 쉽지 않은 실정이다. 유명한 탤런트를 기용하는 일 따위는 아예 불가능하다.

그래서 그는 지혜를 짜내어 사장의 캐릭터가 재미있는 회사는 사장을 등장시키고, 직원들 중에서 쓸 만한 사람이 있으면 그 사람을 출연하도록 하는 방법을 쓰고 있다. 요전번에 만든 신용금고의 CM에서는 지역 상점 주인들을 출연하게 한 적도 있다. 또 작년에 지역 의약품 메이커의 CM에서는 당시 막 만 한 살이 된 자기 아이를 등장시키기도 했다. 촬영용 스튜디오를 빌릴 돈도 아깝기 때문에 가까운 상점 주위나 강가, 교회 등을 배경으로 카메라를 돌리는 일도 다반사다.

W군의 광고 회사는 사장 이하 12명 정도가 일을 해나가고 있

기 때문에 한 사람이 몇 사람의 역할을 맡아내야 한다. W군도 시간적 여유가 있을 때는 영업 활동으로 뛰어다닌다. 또 촬영을 할 때도 전문가인 사람은 W군뿐이고 다른 전문 스태프가 없다. W군은 임시변통으로 영업 사원들에게 조명이나 음향 쪽을 담당하게 하고 있다. 처음에는 아마추어 스태프라서 힘들었는데 지금은 꽤 익숙해져 모두 솜씨가 좋아졌다.

W군의 명랑한 성격도 한몫 하여 늘 화기애애하게 촬영이 진행되기 때문에 지금은 영업 사원들이 "가끔 있는 촬영이 기다려져요" 할 정도다. 그 탓인지 그들은 고객들에게 새로운 CM을 만들라고 더 열심히 영업을 하고 다닌다.

W군이나 영업 사원들의 일하는 모습을 보고 있으면 왠지 일 그 자체를 즐기고 있다는 생각이 든다. 여러 가지 제약 조건이 있어도 지혜를 짜내서 가능한 한 좋은 성과를 내겠다는 의욕이 느껴지는 것이다. W군은 이야기한다. "지방 기업은 좀 너무해요. 경영자가 직접 '예산은 없지만 임팩트가 있는 CM을 만들어달라'고 요구하니까요. 촬영 현장에 입회하는 사장님도 상당수 있습니다. 나는 열악한 조건이긴 하지만 그들이 탄성을 지르는 CM을 만들고 싶다고 늘 생각하지요"라고.

여기에는 제약을 제약으로 느끼지 않는 씩씩함이 있다. 리더는 할 수 없는 이유를 찾기보다 할 수 있는 방법을 추구해야 한다.

예정보다 늦었을 때는 어떻게 해야하는가?

◎ 성의를 갖고 임하면 길이 열린다

일은 조직 단위이건 개인 단위이건 모두 'PLAN(계획)→DO(실행)→SEE(돌아보기·반성)의 사이클'을 그리면서 추진해야 한다. PLAN이란 일에 착수하기 전의 순서 결정·준비 작업을 말하는데, 이것을 제대로 해두면 막상 움직이기 시작했을 때 일이 원활하게 진행될 가능성이 높다. 반대로 이것에 수고를 아끼면 이후 일을 효율적으로 실행하는 것이 어려워진다.

그렇지만 일을 하는 현장에서는 어떤 일이 일어날지 예측할 수가 없다. 아무리 계획을 치밀하게 세웠어도 예상 밖의 일이 일어나는 법이다. 그럴 때야말로 리더의 능력이 요구되는 것이다. 불안에 쫓기며 확신이 흔들리는 부하 직원들을 어떻게 이끌고 갈까?

한 중견 건설 회사의 현장 감독을 하고 있는 N군은 요즈음 비가 계속 와서 담당하고 있는 아파트 건설 작업이 크게 지연되는 바람에 골머리를 앓고 있다. 어떤 일이 있어도 시공주와의 계약대로 다음달 말에는 완성시켜야만 하는데, 작업 계획을 세울 때에는 이 정도로 비가 계속되리라고는 예상하지 못했던 것이다.

어제 N군은 다시금 다음달 말까지의 공사 스케줄을 세세히 검토하여 당겨보았다. 1주일에 2일은 비로 작업이 안 된다는 전제 아래 생각해보았다. 그렇게 계산을 해보니 일요일에도 공사를 진행해야 하고, 나아가 매일 아침 8시부터 밤 10시까지 공사 시간을 늘려야 한다는 결론이 나왔다. 그래서 N군은 오늘 모든 하청 회사의 책임자들을 모아놓고 회의를 열어 사정을 설명하면서 공사를 기한 내에 해낼 수 있도록 협력해달라고 요청을 했다.

책임자들의 반응은 "일요일 출근은 어떻게 해보겠는데 매일 아침 8시에서 밤 10시까지 일하는 건 작업자들이 이해해주지 않을 것이다"라든가 "1주일에 이틀이나 비가 올 것으로 예상하지 않아도 된다. 가랑비 정도라면 작업을 할 수가 있으니까" 등등 소극적인 답변 일색이었다. 그에 대해 N군은 다음과 같이 설득했다.

"앞으로 본격적인 태풍 시즌이니, 비가 와서 작업이 중지될 확률도 크다고 봐야 합니다. 게다가 매일 아침 8시에서 밤 10시까지라고 해도 도중에 비가 오면 반나절로 끝날 수도 있고, 아침부터 비가 올 경우는 하루 온종일 쉬게 될 테니까, 어떻게 좀 모두를 설득해주시지 않겠습니까? 본래 좀더 일찍 부탁을 드렸어야 하는

데, 제 판단 실수로 여러분께 이런 폐를 끼쳐드려 정말 죄송스럽습니다."

마지막 말에서 책임자들도 "어쩔 수 없겠네"라든가 "그렇게까지 말씀하시면" 하는 마음들이 되었다. 하청이라고 해서 강제적으로 일을 할당하는 것이 아니라 N군과 같이 성의를 다해 협조를 부탁하면 일이 더 원활해 질 수 있다. N군은 내일 아침 현장에서 작업자 전원을 모아놓고 사정을 설명하고 협력을 요청할 생각이다.

◎ 궤도 수정은 빨리 하는 것이 기본

이번 건에 대해서 N군은 스스로 좀더 일찍 궤도 수정했어야 했다고 반성하고 있는데, 역시 계획의 수정은 빨리 해야 한다. 뒤로 미루면 미룰수록 수정이 어려워지고, 주위 사람에게도 폐를 끼치게 된다.

그렇게하기 위해서는 리더 스스로 일이 계획대로 추진되고 있는지 아닌지를 점검하고, 업무 내용에 따라서는 기록이나 수치를 검토하여 문제 상황을 초기에 알아내도록 해야 한다. "한 번 결정한 계획이니까"라든가 "여하튼 계획대로"라는 미련은 유연한 판단을 방해할 수도 있다. PC를 이용하면 스케줄 관리나 매출고 관리, 나아가 코스트 관리도 편하게 할 수 있기 때문에 그러한 기기를 잘 사용하여 진척 상황을 신속하게 파악하여야 한다.

한 지방 카지노의 매니저인 Y군은 자신이 모든 문제를 체크하는 것은 어렵다고 보고 최일선에서 일하는 부하 직원들에게 "뭔가 문제가 있으면 아무리 사소한 일이라도 보고·연락·상담을 하도록하라"고 평소에 지도하고 있다. Y군은 이야기한다. "'아무리 사소한 일이라도' 라고 미리 강조해두지 않으면 보고·연락·상담을 적당히 하는 경향이 있어요. 이 업계에는 문제가 여러 가지 있기 때문에 그야말로 계획대로 장사를 할 수 없는 곳이예요. 그래서 항상 신경을 곤두세우고 있어야 합니다"라고.

Y군의 업계에서는 최근 수년 동안 잭팟이 터지는 확률 조정이나 업무 관리 면에서 급속하게 기계의 현대화가 진행되어 왔지만 그래도 생각지 못한 일들이 여러 가지 일어난다고 한다.

일을 처리하는 과정에 문제가 파악되면 현장의 리더가 중심이 되어 원인 규명을 하거나 대응책을 짜야 하지만, 그때 독단으로 일을 추진하지 말고 상사에게 상담하고 부하 직원에게도 지혜를 빌리는 겸허함이 필요하다. 그렇게 하면 실행 단계에서 모두 사람의 협력을 얻기가 쉽다. 앞서 이야기한 현장 감독 N군이 내일 아침에 작업자들에게 직접 이야기하겠다고 한 것은 작업자들의 지혜를 빌리는 일은 아니지만 모든 사람의 협력을 얻는 데 매우 유익한 영향을 줄 것이라고 생각한다. 하청 책임자에게서만 설명을 듣는 것하고는 받아들이는 정도가 다를 것이기 때문이다.

상사가 일을 처리하는 방식을 이해할 수 없을 때 대처하는 방법

◎ 의견 · 제안은 상사의 자존심을 존중하면서 하라

건강 기구 판매 회사인 A영업소 주임 K군은 요즈음 늘 상사인 O소장과 부딪치고 있다. 오늘 아침에도 K군의 제안에 반대하는 소장에게 "지금까지 해온 방식으로는 점점 더 어려워질 뿐입니다. 왜 그걸 모르십니까?" 하고 강하게 반발하여 분위기가 험악해졌었다.

K군의 이야기에 따르면, O소장은 보수적이고 융통성이 없어서 K군이 새로운 영업 전략을 제안을 해도 "그건 내가 판단할 일이다"라든가 "잘되지 않으면 어떻하나?", "책임을 지는 것은 나야"라든가 "그렇게 허술하진 않아"라고 하면서 일일이 반대를 한다고 한다.

그런 상황이기 때문에 매출 실적이 부진한 A영업소를 어떻게 좀 개선해보고 싶다는 K군 등 젊은 사원들의 생각은 헛돌고 있다.

나아가 K군은 "소장과 인간적인 면에서도 감정적으로 대립하고 있습니다" 하고 덧붙였다.

K군의 이야기만으로 볼 때 K군의 소장에 대한 접근 방식은 바람직하지 않다. 소장의 입장을 좀더 이해해주고 그의 자존심을 지켜주면서 자신들의 제안을 받아들이게 하는 방법이 있었을 것이다. K군은 위기 의식 때문에 초조해진 것이겠지만, 그것이 거꾸로 소장의 마음을 닫아버리게 한 것은 아닐까? 물론 현상 유지만을 생각하는 소장이라면 어쩔 도리가 없겠지만 그렇다고 해서 그것을 이유로 소장을 전면 부정해버리면 조직은 흩어지고 만다.

일을 잘하는 직원일수록 상사에 대한 반발이 지나치기 쉽다. 반면에 상사는 자신을 가볍게 보는 부하 직원을 아주 싫어한다. 그런 부하 직원인 경우 아무리 훌륭한 제안을 하더라도 받아들이고 싶은 기분이 들지 않는다. 부하 직원이 제멋대로 행동한다면 그렇게 해서 나름대로 성과가 오른다 하여도 인정해주고 싶지 않을 수도 있다.

상사가 그런 태도를 취하게 되는 것은 부하 직원의 배려 부족 때문인 경우가 많다. 가능한 한 상사를 치켜세우고, 참아야 할 것은 참아가면서 조금씩 자신의 생각을 실현시켜 가는 현명함이 있어야겠다. 특히 20대 리더의 경우 직장 상사와 부하 직원 사이에서 중간 역할을 해야 하기 때문에 직속 상사와의 화합에는 지나치다 싶을 만큼 신경을 쓸 필요가 있다.

K군은 자신이 소장을 가볍게 보고 있지는 않은지, 자신이 리더라는 사실을 잊고 부하 직원들과 지나치게 동조하고 있지는 않은지 돌아보아야 한다. K군이 A영업소를 진심으로 생각한다면 리더로서의 입장을 인식하고 우선은 소장과의 인간 관계를 개선해가야 한다.

◎ 정면 충돌은 최악의 선택이다

상사와 치열하게 의견을 교환하는 것은 좋다. 그러나 나중에까지 앙금을 남기는 것은 좋지 않다. 어디까지나 냉정하게 일의 장·단점에 대해서만 검토해야 한다. 상대방을 설득하기 위해서는 객관적인 데이터가 중요하다. 객관적인 데이터는 그것을 설명할 자기 자신도 냉정하게 만들어준다. 데이터를 내밀 때에도 '상사를 치켜세우면서'라는 배려를 잊어서는 안 된다.

상사가 목표 설정이나 방침 작성을 할 때 자기가 이해할 수 없는 방식을 고집할 경우에는 그 이유나 사정, 배경 등을 잘 들어두어야 한다. 잘 들었는데도 불구하고 이해가 가지 않으면 주저말고 질문을 하도록 하자. 그렇게 하지 않으면 리더로서 부하 직원들을 이해시킬 수가 없다. 예를 들어 달성하기 어려운 목표가 주어졌을 때, 갑작스런 방침 변경을 통고받았을 때, 종료한 일을 다시 하라는 명령이 내려졌을 때…… 이런 때 상사가 이야기하는 대로 수동적인 자세로 따라 가기만 하면 부하 직원들에게 신뢰를 잃는다.

상사에게 의문점을 질문할 때에는 상대방의 모순을 지적하거나 몰아세우는 느낌이 들지 않도록 주의해야 한다. 어디까지나 "모르기 때문에 가르쳐주셨으면 합니다" 하는 겸허한 자세로 질문을 해야 한다. 그렇게 하면 상대방도 쓸데없는 방어 태세를 취하지 않게 되고, "그럼 설명해주지" 하는 마음을 갖게 된다.

때로는 이해할 수 없더라도 상사의 타입에 따라서는 "알았습니다"라고 답하는 편이 좋을 경우가 있다. 어떤 타입인가 하면 남의 얘기를 들으려 하지 않는 강인한 상사, 바로 흥분하는 상사, 자존심이 너무 강한 상사 등이다. 이런 상사와 언쟁을 벌이면 벌일수록 진흙탕에 빠져버리기 때문에 끝이 없겠다 생각되면 일단 물러나서 다시 생각하자. 이러한 상사한테 미움을 사면 일이 힘들어진다.

어려운 타입의 상사라도 급소를 누르고 접근하면 의외로 자신이 생각하는 방향으로 움직여주는 법이다. 'A과장의 경우 어떻게 하면 그럴 맘이 들게 할 수 있을까?' 라는 문제 의식이 있으면 저절로 접근 방법, 말을 꺼내는 방법을 알게 될 것이다.

이유야 어떻든지 간에 상사와 정면 충돌을 하는 것은 최악의 선택이다. 20대 리더로서 일에 대해 생각하고, 부하 직원에 대해 생각한다면 상사에게 맞추는 것도 배워야 한다. 그것은 교활한 것도 비겁한 것도 아니다. 일을 첫째로 생각한다면 당연한 대응이다.

예상치 못한 문제가 일어나도 당황하지 마라

◎ 문제 해결의 기본은 '정공법'이다

어느 예식장에서 부사장을 맡고 있는 S군은 경영 2세인데, 최근 곤란한 사건을 겪었다. 사건은 신부 대기실의 파트 타이머가 신부의 웨딩 드레스에 커피를 쏟은 데서 시작되었다. 식이 끝나고 나서 S군은 몇 번이나 머리를 숙여 사과를 했지만 화가 난 신부의 부모는 모든 지불을 거부했다. 저쪽은 "평생에 한 번뿐인 식이 엉망이 됐다. 위자료를 청구해야 할 판이다"라고 강경하게 나와서 해결의 실마리를 찾을 수 없었다.

원래는 사장인 부친에게 상담을 했어야 하지만 지금은 고혈압으로 입원중이신 만큼 너무 걱정을 끼치고 싶지 않았다.

파트 타이머의 이야기에 따르면 커피를 내려놓으려다 접시에 부딪혀서 쏟고 말았다는 것이다. 분명히 이쪽에 책임이 있다. 그러나 그렇다고 해서 120만 엔이나 되는 비용을 지불해주지 않는다는 것은 이해가 가지 않았다. 게다가 만약에 상대방의 요구를 받아들이게 되면 유사한 마찰이 일어났을 때의 전례가 될 수도 있다. 또 그렇게 했다가는 사원이나 파트 타이머의 사기에도 영향을 미칠 것이라는 생각이 들었다.

S군은 며칠 뒤에 사과의 선물을 들고 신부의 친정을 방문했다. 다시 한 번 깊이깊이 사과를 하고 모든 것은 예식장 측에 책임이 있다는 것을 인정했다. 그리고 나서 "10%를 공제하고 결혼식 비용을 청구하겠습니다"라고 말을 꺼냈다. 그러나 그쪽에서는 "지불할 마음이 생기지 않습니다"라는 태도로 일관했다. 조금 사이를 두고 S군은 다음과 같이 이야기했다. "저희 스태프 전원이 따님을 위해서 사전 상담 단계에서부터 열심히 노력했다고 봅니다. 단지 진짜 결혼식에서 저희 여직원이 큰 실수를 하고 말았습니다. 아직 경험이 별로 없는 직원이었기 때문에 긴장했던 거겠지요. 그 일에 대해 그 여직원은 자신이 전액 변상하겠다, 한번에 다 내는 것은 무리니까 매월 조금씩 변상하겠다고 이야기하고 있습니다. 다시 한 번 말씀드리겠습니다. 저희 모두가 전력을 다해 훌륭한 결혼식을 치르도록 하려고 노력했습니다. 그것만은 알아주셨으면 합니다"라고.

드디어 그쪽 부인이 이해해줬다. 그러자 남편도 마지못해 "좋다, 딸도 괜찮다고 이야기하니까" 하고 겨우 양해를 해주었다. 부인이 이어서 "말씀하시는 대로 상담 단계에서부터 직접 일을 정성

껏 처리해주셨지요"라고 위로의 말을 해주었다.

S군이 훌륭했던 것은 정공법으로 나섰다는 점이다. 성의를 갖고 상대방에게 사과를 하고 양보할 부분은 양보했지만, 선을 긋고 이 이상은 경영의 근간을 해친다면서 결코 타협하지 않고 정론으로 밀어붙인 것이다. 그 박력이 상대방에게도 통했던 것일 게다.

◎ 신속한 행동으로 난국을 극복하라

택배 영업소 소장 대리를 맡고 있는 N군도 지난달 커다란 난관에 부딪혔다. 그의 경우도 마침 상사인 소장이 휴가를 낸 상태라서 혼자서 대응할 수밖에 없었다.

교통 사고였다. 저녁에 아르바이트 학생 O군이 운전을 하던 탑차가 신호를 기다리고 있던 승용차를 추돌해버렸던 것이다. O군의 탑차에 싣고 있던 물건은 모두 홋카이도(北海道)로 보낼 것들인데, 탑차는 저녁 7시까지 공항 근처의 물류 센터에 도착해야 했다.

연락을 해온 O군에 의하면 추돌당한 차의 운전자는 목을 다쳤을 우려가 있어서 병원으로 옮겼다고 한다. 지금 경찰이 와서 조사가 막 시작되어 한동안 거기서 움직일 수 없다는 것이었다. O군은 상당히 동요하고 있었고, "죄송합니다. 일이 이렇게 돼버려서. 어떻게 하면 좋죠?" 하고 우는소리를 한다. N군은 "생명에 지장은 없으니까 침착하게 대처하고. 지금부터 내가 여기 차로 그쪽에 가서 짐만 옮겨 싣고 물류 센터로 가져가겠다. 전표도 받아서 갈 거니까. 경찰에게는 잘 협력해"라고 지시를 했다. 그리고 N군은 본사에 사고 발생 경위와 이제부터 할 대응에 대해서 연락을 넣고 바로 현장으로 향했다.

N군은 경찰에 사정을 얘기하고 일을 처리하여 어렵사리 물류 센터에 시간을 맞추어 도착하게 할 수가 있었다. 그리고 나서 그는 곧바로 사고 현장으로 돌아왔다. 사고 현장에 돌아와보니 저녁 늦은 어둠 속에서 아직도 조사가 진행 중이었고, O군이 심문을 받고 있었다. 한동안 거기 있으면서 O군을 지켜본 다음 N군은 피해자가 있다는 병원으로 향했다. 1시간 정도 기다리고 있자니까 치료를 마친 피해자가 진찰실에서 나왔다. N군은 "저는 ○○택배에서 온 사람입니다. 이번 일은 정말 죄송하게 됐습니다. 저희 회사 운전사의 부주의로 큰 변을 당하셨습니다" 하고 깊이깊이 머리를 숙였다. 그리고 몸 상태를 묻고는 자신의 명함을 건네주고 상대방의 이름과 주소 · 전화 번호를 물어본 뒤, "저희가 할 수 있는 일은 뭐든 다 하겠습니다"라고 약속을 하고 병원을 떠났다.

N군은 그리고 나서야 영업소로 돌아와 본사에 다시 연락을 취했다.

N군의 이러한 일련의 대응은 냉정하고 스피디했으며, 참고할 만한 점이 많다.

질투와 시기에는 이렇게 맞서라

◎ **모난 돌, 정을 맞는다 하더라도……**

예로부터 "모난 돌이 정 맞는다"는 속담이 있는데, 리더로서 일에서 실적을 올리면 올릴수록 주위에서 질투를 받는 일이 있다. 질투하는 사람은 여러 가지인데, 주로 선배나 동료다. 그것도 별로 일을 잘 못하는 선배나 동료인 경우가 많다.

그들은 "놈은 부장한테 귀염받으니까"라든가 "붙임성이 좋은 거 하나 빼면 뭐가 있어?" 하면서 뒤에서 험담을 한다. 험담만 하면 다행이고, 그 중에는 다리를 걸고넘어지는 사람도 있다.

중소 기업을 대상으로 하는 금융 회사 영업 소장을 맡고 있는 F군은 재작년 증권 회사를 다니다가 중도 입사했는데, 이미 눈부신 실적을 올렸고 작년에는 사장상까지 받았다. 이 회사 자체가 굉장한 기세로 발전하고 있어 실력만 있으면 30대라도 이사가 될 수 있다고 한다. 사내에서는 "F군은 사장 맘에 들어서 5년 이내에 이사가 될 거야"라는 소문이 떠돌고 있는데, 그것을 기분 좋게 여기지 않는 사람들도 있다. F군의 귀에도 때때로 여러 가지 유언비어가 들어온다. 그 대부분이 근거 없는 이야기다.

그러나 F군은 그런 비판이나 소문은 마음에 두지 않기로 하고 있다. '나는 일을 열심히 할 뿐. 존경하는 사장님을 위해서도 열심히 해야지'라고 스스로에게 다짐한다. 다행히 영업소는 팀워크가 좋고, 부하 직원들이 모두 부모같이 아랫사람을 잘 돌보는 F군을 신뢰해주고 있어서 아무 걱정도 하지 않는다.

F군은 이야기한다. "일일이 신경을 쓰다 보면 아무것도 해나갈 수가 없어요. 그런 것에 신경 쓰기에는 아직도 공부해야 할 것이 많아요"라고. 어디까지나 발전적인 자세이다.

다른 사람들의 소문에 신경을 쓴다는 것은 상대방과 같이 휩쓸린다는 것이다. 즉 일도 잘 못하면서 내세울 것은 '고참'이라는 것밖에 없는 사람들과 같은 차원에서 심리 전쟁을 하는 꼴이 된다는 것이다. 그렇게 나갈 F군은 아니지만, 만약 그렇게 한다면 정말 해야 할 일에 집중할 수 없게 된다.

F군이 지금 상태로 2, 3년 열심히 하면 누구나 실력을 인정하게 되어 이상한 이야기를 하는 사람들은 적어질 것이다. 그런 이야기를 하는 사람 중에서도 F군에게 잘 보이기 위해 다가오는 사람도 나올 것이다. 그것이 조직의 역학이다. 즉 일의 실력·실적으로 쓸데없이 비방만 하는 사람들의 입을 다물게 하는 것이 최고이며,

그때까지는 심각하게 상대하지 말아야 할 일이다.

◎ 자신감을 잃는 반성은 하지 마라

심각하게 상대를 하지 않는다고 해도 심한 말을 들으면 다소 심리적 동요가 있을지 모른다. 그럴 때에는 다음과 같은 긍정적 사고로 가볍게 생각해버리면 된다. 물론 자신의 마음속에서이지만……

- 간부에게 아부를 잘한다 → 듣기 좋은 얘기 한마디도 못 하는 사람이 어떻게 일하나?
- 손님한테 너무 굽실거린다 → 손님 덕에 먹고산다.
- 중간에 입사한 주제에 → 그러니까 여러 가지로 경험을 쌓고 있지.
- 저놈은 위를 노리고 있어 → 어차피 시작한 것, 그런 마음으로 임해야지.
- 학교도 별 볼일 없으면서 → 학력으로 일을 잘 할 수 있다면 편하겠네.

이렇게 결론짓고 재미없는 일은 빨리 잊고 일에 전력투구해야 한다.

그러나 잔소리꾼이 뒤에서 속살거리는 이야기 중에도 가끔은 귀담아 들어야 할 것이 있다. 열에 하나라도 '그러고 보니' 하고 짚이는 데가 있다면 그것에 대해 겸허하게 반성하고 태도를 고쳐야 한다. 그것은 상대방을 위해서라기보다 자기 자신의 장래를 위해서이다. 그럴 때에는 기분 나쁜 상대가 좋은 지적을 해주었다고 감사하면 된다. 감사는 해도 교제할 필요는 없다.

여기서 주의해야 할 점은 겸허하게 반성한다는 것이 '자신감을 잃는다' '활기를 잃는다' 는 게 아니라는 점이다. 그것은 상대가 바라는 바일 것이다. 이상한 이야기겠지만 반성을 너무 많이 하는 것도 좋지 않다. 자신감을 잃을 정도로 반성할 필요는 없다.

실패나 좌절을 두려워해서는 아무것도 이루지 못한다

◎ 실패를 통에서 무엇을 배울 것인가

게임 소프트 회사에서 개발팀 리더를 맡고 있는 M군은 지금 완전히 자신감을 잃고 회사를 그만둘까 하는 생각까지 하고 있다. 그것은 그가 리드하여 개발해 시장에 내놓은 게임이 전혀 팔리지 않고 있기 때문이다.

이번 경우 M군을 더 곤혹스럽게 하는 것은 그 게임 기획을 주위 사람들 대부분이 반대했는데도 불구하고 자신이 강력하게 추진했기 때문이다. 요즈음 그럭저럭 몇 개의 히트를 쳤기 때문에 그만 우쭐했던 것이다. 그래서 주위의 반대에 부딪히면 부딪칠수록 오기가 나서 "그런 식으로 상식에 사로잡히니까 안 되는 거야" "지금 아이들의 감성을 모르느냐" 하고 거꾸로 팀원들을 설득했던 것이다. 그 결과가 이것이다.

어제 사장으로부터 "우리는 장난삼아 장사하는 게 아니야"라고 심하게 책임 추궁을 당했지만 대답할 말도 없었다. 나이 어린 팀원들도 왠지 서먹서먹한 태도다.

그러나 이대로 회사를 그만둔다는 것은 최악의 선택이다. 그만둘 땐 그만두더라도 한 번 더 히트 상품을 개발하여 모두에게 실력을 인정받고 나서 그만두어야 한다. 이대로 그만두면 비참해질 뿐이다.

이 기회에 리더로서의 업무 추진 방법, 다른 직원들과의 커뮤니케이션 방식, 자신의 마케팅 감각 등에 대해 겸허하게 반성해야 한다. 무엇이 어떻게 잘못되었는가? 엄격하게 자기 반성을 하고 같은 실수를 반복하지 않도록 해야 한다.

적극적으로 일을 하다 보면 누구나 실패를 할 수 있다. 그 실패로부터 무엇을 배울 것인가가 중요하다. M군은 이번 실패를 개발자로서의 성장, 나아가서는 인간성 심화의 계기로 살려가야 한다. 진정한 승부는 이제부터다.

◎ 좌절을 하기 때문에 성장할 수 있다

S씨는 경비 회사의 입사 7년차 여성인데, 올 봄에 그 열성적인 업무 태도를 인정받아 현장 근무를 졸업하고 본사 교육부로 배속됐다. 처음 맡은 일은 현장에 배속되는 여성 신입 사원 20명을 훈련하는 일이었다. S씨는 상사로부터 "앞으로 현장에 여성을 계속 기용할 생각이야. 자네의 지도로 그 코스를 만들었으면 좋겠네"라

는 격려의 말을 들었다.

S씨는 곧바로 2개월 기간의 지도 계획을 짰다. 군대의 훈련 과정에 포함된 내용을 필두로 예절과 매너, 전문 지식에 관한 지식 등 상당히 강도 높은 과정이었다. S씨는 신입 사원들과 처음으로 얼굴을 마주했을 때 다음과 같이 말했다.

"이 훈련을 따라오지 못하는 사람은 그만둬도 좋습니다. 모든 사람의 근성을 철저하게 고쳐놓겠습니다."

S씨는 목소리가 작은 신입 사원에게는 목이 쉴 때가지 몇 번이고 발성 연습을 시켰다. 지각을 한 신입 사원에게는 운동장을 10바퀴 뛰는 벌을 주고 모두에게 사과를 하게 했다. 3일쯤 지난 뒤부터 신입 사원들은 뒤에서 S씨를 '귀신 잡는 해병'이라고 부르게 되었다. 그리고 3주가 지나고 난 후 첫 외출이 허가된 날, 외출을 했던 신입 사원들 가운데 18명이나 귀가 시간이 넘어서도 합숙소에 돌아오지 않았다. 집단 이탈을 한 것이다.

S씨는 심하게 동요했다. 우선 '이 일이 회사에 알려지면……' 하는 생각이 머리에 꽉 차고, 뒤이어 '왜?……' 하는 의문이 솟았다. 지금 혹독하게 단련해놓지 않으면 현장에 나가서 제대로 일을 할 수 없을 것이라는 생각에서 그렇게 강훈을 한 것인데……

그러나 S씨는 신입 사원들에게 그러한 자신의 속마음을 전하지 않았다.

단지 "뭐 하고 있는 거니!" "몇 번 말해야 아니?"라고 소리쳤을

뿐이다.

지금 S씨는 교육 담당을 떠나 다시금 현장 경비를 담당하고 있다. 이탈했던 신입 사원들은 S씨의 상사가 각각의 자택을 방문하여 사죄하고 S씨를 다른 부서로 옮기겠다고 약속을 하자 전원이 복귀했다. S씨는 이번 일을 다음과 같이 돌아보았다.

"상사의 기대에 답하자는 생각이 너무 강해서 그만 행동이 지나쳤습니다. 전 옛날부터 뭔가를 시작하면 그 일밖에 보이지 않았거든요. 모두에게 미안한 일을 했다고 생각합니다."

신입 사원들이 현장에 배속되고 나서 S씨는 신입 사원 모두에게 사과와 격려의 편지를 썼다. 놀랍게도 전원으로부터 답장이 왔는데, 그 대부분의 편지에는 "지금 현장에 배속되고 나서 S씨의 혹독한 지도의 뜻을 이해할 수 있게 되었습니다"라는 소감이 적혀 있었다. S씨는 눈물이 날 정도로 기뻤다. S씨는 이야기한다. "다들 용서해줬지만 역시 혹독함 속에서도 '배려'가 있는 지도가 필요합니다. 커뮤니케이션도 부족했다고 생각합니다"라고.

S씨는 커다란 좌절을 경험했지만 성실하고 힘있는 여성이기 때문에 인간적으로 성큼 성장하여 본사로 복귀하게 될 것이다.

상사와 부하 직원 간의 진퇴양난을 극복하는 법

◎ '저쪽을 세우면 이쪽이 서지 않는다'는 정말일까

20대 리더는 조직에서 상사와 부하 직원의 중간에 위치하는 존재다. 그 역할은 상사의 지시를 충실하게 실천하는 것, 부하 직원을 적절히 지도하는 것, 부하 직원의 의향을 상사에게 전달하는 것 등이다.

20대 리더는 이러한 복잡한 위치에 있기 때문에 위와 아래 사이에 끼인 입장이 되는 일이 많다. 예를 들면 매출 목표 하나만 하더라도 위에서는 너무 높은 목표를 설정하고, 아래에서는 "리더는 상사에게 아무 말도 하지 않았냐"는 비난을 듣는 식이다. 자신감이 없는 리더나 경험이 부족한 리더는 여기서 우왕좌왕하여 부하 직원의 신뢰를 더 크게 잃고 만다.

양식 레스토랑의 매니저인 H군의 경우도 조리 파트와 서빙 파트에서 인원을 증원해달라는 요구를 하고 있는데, 본부에서는 반복하여 "경쟁이 심해서 점포당 종업원 수를 줄이는 법은 있어도 늘리는 법은 없다"라는 통보가 와 있다.

현장의 사정에 밝은 H군으로서는 '손님이 만족하는 음식과 서비스 제공'이란 경영 이념으로 보아 인원의 증원 요구는 정당하다고 생각하는 한편, 인건비의 절감이라는 경영측의 요청도 지극히 당연한 일이라고 보고 있다.

그래서 H군은 다음과 같이 생각했다.

1) '인건비 억제'라는 회사측의 요청에 따르는 것은 당연하다. 그 이유나 배경에 대해서 종업원에게 잘 이해시킨다.

2) 그 제약 속에서 현실의 일손 부족을 어떻게 할 것인가를 생각한다.

3) 조리 파트와 서빙 파트 모두 업무 방식을 개선하여 효율성을 높인다.

4) 파트 타이머, 아르바이트의 근무 시간이나 교대 시간을 합리화하여 바쁜 시간대에는 다수가 출근하고, 한산한 시간대에는 소수가 출근하게 함으로써 인력 사용을 효율화한다.

5) 나아가 손님의 만족도를 더 높인다. 현상 유지로 만족하지 않는다. 일손 부족을 핑계삼지 않는다.

H군은 이상 5가지를 종업원 한 명 한 명에게 설명하고 이해시켜서 전원이 공통의 인식을 가질 수 있도록 전력을 다해야 한다고

생각했다. 또한 그 포인트는 회사가 처한 상황을 이해시키는 데 있다고 생각했다. 워낙에 '제약 조건 속에서 최선을 다하는 것이 프로'라는 것이 H군의 신조이기 때문에 '할 수 없는 일과 할 수 있는 일'을 이해시킬 작정이다.

◎ '복안사고(複眼思考)'가 커다란 신뢰를 낳는다

H군의 경우는 아랫사람을 설득하고자 한 것인데, 반대로 윗사람을 설득하려고 열심히 노력하는 젊은 리더도 있다(실은 H군도 상황에 따라 그러한 제안을 할 수 있는 리더이다).

중견 출판사의 여성 편집장인 Y씨는 입사 연차로 보나 인품으로 보나 다른 여성 사원들의 리더격인데, 지금 '출산에 따른 휴가 규정의 개선' 문제로 회사측과 얘기하고 있다. 이 회사에서는 이러한 문제를 그때그때 사원 대표와 경영자 측이 대화로 해결하고 있다.

Y씨는 사장으로부터도 인정을 받고 있다. 그녀는 대화의 자리에서 결코 감정적으로 되지 않고 현상 분석, 동업 타사의 상황, 예상되는 메리트와 디메리트, 그에 대한 대응 등에 대해 논리적으로 이야기기할 수 있는 사람이기 때문이다. 또 Y씨는 사장을 비롯한 경영측 사람을 기본적으로는 신뢰하고 있어 함께 지혜를 짜내보자는 자세를 견지하고 있다는 점에서도 높게 평가를 받고 있다.

우리 회사의 경우 편집자 대부분이 여성인 만큼 이번 개선 요구에 대한 기대가 자못 크다. Y씨로서도 꼭 그 기대에 부응하고 싶다. 그러나 그런 한편으로 Y씨는 새로운 제도의 도입에 따른 경영상의 디메리트를 어떻게 극복할까 하는 점을 경영자에게 납득시키지 못하는 한 진전이 어려울 것이라고 생각하고 있다. 대화에 따라서는 여성 사원들도 다소 양보를 하지 않을 수 없을 것이라고 생각하고 있다.

Y씨는 이와 같이 이해가 대립하는 양쪽의 입장에 서서 사안을 보고 지혜를 낼 수 있다. 물론 그녀의 기본적 입장은 사원 측에 있지만, 이러한 '복안사고'가 가능하기 때문에 그녀의 발언은 상대(경영측)에 대해 설득력이 있다. 상대방의 걱정을 미리 간파하고 그 위에서 자신(여성 사원 측)의 의견을 이야기할 수 있는 Y씨는 리더로서 위로부터도 아래로부터도 신뢰를 받고 있다.

여기서 소개한 H군과 Y씨에게 공통된 점은 위와 아래 사이에 끼여서 고민하기보다는 오히려 상하의 생각의 차이를 발전적으로 통합해가고자 하는 자세다. 두 사람 다 자신에게 자신감을 갖고 있으며, 지혜만 있다면 문제는 해결된다는 신념을 갖고 있음이 느껴진다.

반항적인 부하 직원은 이렇게 다뤄라

◎ **엄격하게 대응할 것인가, 자기 반성부터 할 것인가**

부하 직원에게 반항적인 태도가 감지되었을 때 리더의 역량이 드러난다. 자신에게 자신감이 없는 리더는 다음 세 가지 행동 패턴 중의 어느 하나를 취한다.

1) 흥분해서 부하 직원에게 욕을 한다

2) 부하 직원의 장단에 따라 비위를 맞춘다

3) 횡설수설 종잡을 수 없는 대응을 한다

물론 모두 다 적절한 대응이라고 이야기할 수 없다. 그렇다면 어떤 대응이 적절한 대응일까? 결론부터 이야기하면 '모든 것은 상황에 따라서'라고 하겠다. 어떤 상황에서는 엄격하게 대응해야 하고, 또 다른 상황에서는 리더가 먼저 반성해야 한다.

부하 직원이 토라지거나 강하게 반발했을 때에는 '왜?'인지 생각해 보자. 그것도 아주 짧게. 그 결과 정당한 이유가 없다고 생각

될 때에는 엄하게 야단을 쳐야 한다. 이유도 없이 토라지거나 반발하는 부하 직원에게는 '그만둬도 좋다'는 기분으로 강하게 대응을 해야 한다. 그렇지 않으면 그 부하 직원은 기어오를 것이고, 다른 직원들에게도 나쁜 영향을 끼칠 것이다. 한 번이라도 '만만한 리더'로 보이면 그 이후에는 리더십을 발휘하기가 어렵다.

그러나 조금이라도 '내 탓인가' 하는 생각이 어느 한 구석에 남아 있을 때, 혹은 다른 정당한 이유를 추측할 수 있을 때는 너무 강하게 밀어붙이지 말고 따로 불러내 둘이서만 이야기하는 것이 좋다.

거기서 상대방에게 이유를 묻고, 만약에 '자신한테 원인이 있다'고 판단되면 순순히 사과를 하자. 달리 정당한 이유가 있는 것 같은 때에는 여러 가지 질문을 하여 이유를 분명하게 확인하자.

그럴 때에도 '부하 직원에게도 책임이 있다'거나 '사고 방식이 잘못돼 있다'고 느껴질 경우에는 그 사실을 솔직하게 지적해주어야 한다. 괜스레 조심스러워하다가는 모처럼 주어진 '문제 발견'의 찬스를 놓치게 된다.

여기서 한 가지 주의할 것이 있다. 그것은 '리더는 나를 따르지 않는 부하 직원은 모두 반항적'이라고 생각해서는 안 된다는 것이다. 그 기준에 따르자면, 술을 함께 마시자고 했는데 거절하는 부하 직원, 왠지 나와 거리를 두려고 하는 부하 직원은 모두 '반항적'인 직원이 된다. 그러나 자신과 원만하지 않은 부하 직원을 모두 부정해서는 살아 있는 조직을 만들어갈 수가 없다.

앞으로의 시대에는 여러 가지 개성을 가진 사람들이 모여 있는 조직이 유리하다. 생각이 다르고, 강점이 다르고, 성격이 다른 그런 사람들이 한데 모인 조직은 역동성을 갖고 커다란 성과를 올릴 수가 있다.

식사나 술, 혹은 퇴근길을 같이 하지 않는 것은 반항적인 것도 그 무엇도 아니다. 일 이외에서는 각자 하고 싶은 대로 하면 된다.

◎ 연상의 부하 직원 대하는 방법

부하 직원이 반드시 리더보다 연하인 경우만 있는 것은 아니다. 자기 보다 나이가 많은 부하 직원은 얼마든지 있을 수 있고, 그들을 대하는 것은 쉬운 일이 아니다.

한 호텔에서 프론트 서브매니저를 하는 U군에게도 자기 보다 나이가 많은 부하 직원 W가 있어서 여러 가지로 신경 쓰이는 일이 많다. W씨에게는 입사 당시부터 신세를 진만큼 아무래도 상사로 행동하기가 어렵고, W씨는 또 W씨대로 '나는 U군의 부하 직원'이라는 자각이 거의 없는 상태다. W씨는 굳이 그것을 인정하고 싶지 않기 때문에 U군에 대해서 의식적으로 선배로 행동하려 드는 면도 있다.

그러나 업무를 추진할 때 U군은 W씨에게 이렇게 해달라, 저렇게 해달라고 지시를 내려야 할 입장에 있다. 그 점은 U군도 알고는 있지만 아무래도 W씨에게는 조심스러워서 다른 부하 직원에게 부탁을 하거나 지시를 하는 일이 많다.

그 결과 W씨는 자기 식대로 일을 하는 경향이 있고, 그 때문에 여러 가지 문제가 일어나고 있다. 다른 부하 직원들은 "U씨가 제대로 안 하니까 W씨가 멋대로 행동하는 거야. 그것 때문에 눈총을 받는 것은 우리들이야"라고 뒤에서 비판을 하고 있다. U군의 리더십이 발휘되어야 할 장면이다.

이럴 때 U군은 어떻게 해야 할까? 결론부터 이야기하자면 '가장 중요한 것은 맡은 역할을 다하는 것'이라고 확신하는 것이다. 리더로서 지시를 해야 할 때는 지시를 하고, 의뢰를 해야 할 때는 의뢰를 해야 한다. 말은 조심스럽게 하되, 그 외의 다른 점에서는 다른 부하 직원을 대하듯이 하면 된다. 어디까지나 비즈니스에 철저할 것. 보고 · 연락 · 상담도 확실하게 요구하자.

그것에 대해서 W씨가 반발한다면 한 번 둘이서만 대화를 하여 U군 나름의 생각을 전하자. U군의 '업무 위주' 태도는 잘못된 것이 아니기 때문에 자신감을 가져도 좋다. 그러나 그때 W씨가 거부감을 표한다고 해서 "선배, 부탁드려요" 하는 애원조가 되거나 거꾸로 정색을 하고 심각하게 이야기해서는 안 된다. 어디까지나 냉정하게, 여유 있게 대응해야 한다.

물론 사적인 자리에서는 지금까지처럼 선배와 후배라는 입장에서 대하면 된다.

체크 항목	YES	NO
1. 여러 가지 제약 조건에 머리를 썩이지 않고 최선을 다한다		
2. 지혜를 짜면 거의 대부분의 것들은 달성 가능하다고 생각한다		
3. 계획 수정이 필요하면 머뭇거리지 않고 수정한다		
4. 상사의 입장이나 자존심을 존중해준다		
5. 상사를 설득할 때는 '냉정하게, 끈기 있게'를 명심한다		
6. 생각하지도 않던 문제가 발생해도 정공법으로 대처한다		
7. 생각하지도 않던 문제가 발생하면 우선 순위를 생각하여 순서 있게 대응할 수 있다		
8. 주변 사람들이 질투를 해도 업무 중심으로 생각한다		
9. 자신감을 잃을 정도까지 반성하지는 않는다		
10. 실패에서도 뭔가를 배우려고 한다		
11. 부하 직원에게 엄격하게 대할 때일수록 배려하는 마음을 갖는다		
12. '할 수 없는 것'과 '할 수 있는 것'을 팀 동료들에게 설명을 한다		
13. 기본적으로 회사나 상사를 신뢰하고 있다		
14. 자신을 경원시하는 부하 직원이라 하더라도 객관적으로 평가하고 있다		
15. 자신보다 나이가 많은 부하 직원과는 상대방을 존중해주면서도 업무 본위로 대한다		

05

Leadership in

Dreams Come True...

제 5 장

20대 리더는 큰 꿈을 가질 수 있다

the Twenties

우선은 '5년 뒤'의 꿈을 그려라

'되고 싶은 나'의 이미지를 강렬하게 그려라

인맥을 넓히고 심화하는 방법은 무엇일까?

일을 잘 할 수 있는 사람과 잘할 수 없는 사람의 차이

20대 리더는 끊임없이 자기 변혁을 꿈꾸어야 한다

자신 자신만의 꿈이 있는가?

◎ 꿈이 있기에 어려움도 극복할 수 있다

"당신의 꿈은?" 하는 질문을 받았을 때 당신은 즉각 곧바로 대답할 수 있는가? 만약에 "5년 뒤에 자신의 회사를 일으키는 것입니다"라든가 "우리나라 제일의 ○○이 되는 것입니다"라고 대답할 수 있다면 하루 하루를 생기 있게 보낼 수가 있을 것이다. 다소 괴로운 일이 있더라도 그 꿈 속에서 용기를 얻어 극복해갈 수 있을 것이다.

한 대형 서점의 구매부 대리인 F군의 꿈은 장래에 자신이 운영하는 서점을 여는 것이다. 그냥 서점 하나를 여는 것이 아니라 가능하다면 많은 곳에 체인점을 만들어가겠다는 커다란 꿈도 갖고 있다. 그는 이러한 꿈을 안고 지금 나날의 업무를 열심히 하면서 틈틈이 서점 경영 전반에 대한 공부도 하고 있다. 물론 서점을 창업하기 위한 자금도 조금씩 저축하고 있다. 28살인데 벌써 1,000

만 엔이나 저축된 저금 통장을 갖고 있다. F군은 이야기한다. "놀이나 여행에는 돈을 거의 한 푼도 쓰지 않았습니다. 내 경우 목표가 확실하기 때문에 힘들다는 생각이 전혀 없습니다. 일을 할 때 부딪히는 여러 가지 어려움도 모두 미래를 위한 공부라고 생각하고 있습니다"라고.

스포츠 센터의 매니저인 O군의 꿈은 친구와 둘이서 4륜 구동 자동차로 실크 로드를 경유하여 유럽까지 주파하는 것이다. 3년 뒤를 목표로 하고 있는데, 지금부터 연습삼아 숲길 주행을 즐길 뿐 아니라 엔진 정비나 타이어 수리, 기타 기계 정비에 대한 공부도 하고 있다. "체력은 하는 일의 성격상 자신이 있으니까요"라고 밝게 웃는 O군이다.

시내 한 백화점 여성복 코너에서 일을 하고 있는 T군에게도 꿈이 있다. 그것은 유망한 젊은 디자이너를 발굴하여 백화점에 전속시켜서 그들로 하여금 파리 컬렉션 등 세계에서도 높은 평가를 받는 작품을 만들 수 있게 하는 것이다. T군은 이미 몇 명의 유능한 디자이너를 찜해 놓고, 새로운 매장을 설치하기 위해서 위쪽의 승인을 얻으려고 노력하고 있다. T군은 눈을 빛내며 다음과 같이 이야기한다. "옥석이 뒤섞여 있는 젊은이들 중에서 미래의 켄조(KENZO : 일본의 세계적 디자이너인 타카다 켄조高田賢三가 만든 브랜드명)를 찾아내는 일이지요. 무척 보람 있는 일입니다. 운 좋게도 나는 그렇게 할 수 있는 위치에 있다고 생각합니다. 물론 우리 백화점을 위한 일이기도 하고요"라고.

여기서 소개한 세 사람의 꿈은 모두 다 그들의 생활에 탄력을 주고 있다. 역시 꿈은 나름대로 크게 가져야 한다.

◎ 우선 '5년 뒤'의 꿈을 그려라

눈앞의 일에 쫓겨서 꿈 같은 것은 생각할 틈이 없다고 이야기하는 사람도 있다. 하지만 꿈을 갖는다는 것은 그렇게 어려운 일이 아니다.

'나는 무엇을 좋아하는 걸까? 정말 무엇을 하고 싶은 걸까?' 하고 혼자서 생각해보자. 휴일에 집 주변을 산책하거나 커피숍에 앉아서 생각해보는 것도 좋다. 종이에 써보는 것도 좋다. 꿈은 일에 관한 것도 있을 수 있고, 단지 개인 취향에 관한 것도 있을 수 있다. 하지만 스스로 좋아하지 않는 것이거나 가슴을 두근거리게 하지 않는 것들은 꿈이라고 할 수 없다. 또 너무 먼 이야기기만 하면 현실성이 없어지기 때문에 5년 이내에 실현할 수 있는 것을 목표로 하자. 꿈이 커서 5년이라는 시간만으로는 달성할 수 없는 것이라면 '5년 뒤에 ○○까지 달성' 하는 식으로 분할해서 생각하자.

중·고등학교, 대학교 시절에 흥미가 있었던 것, 좋아했던 것을 기억해보는 것도 좋다. 예를 들면 세계 지리를 좋아했다, 천문에 흥미가 있었다, 공작 시간에 새집 만들기가 즐거웠다, 다시 한 번 브라스 밴드에서 연주하고 싶다, 비행기 기장이 되고 싶었다 등

등. 이런 것들을 기억 속에서 끄집어내 다독이다 보면 꿈을 갖는 것이 그렇게 어렵게 느껴지지는 않을 것이다. 지금부터 시작한다고 해서 민간 항공기 기장이 될 수야 없겠지만 경비행기 면허를 취득하여 창공을 날 수는 있다. 그런 즐거운 꿈이 있으면 일도 더 열심히 할 수 있다.

'장래에 반드시 이 회사의 사장이 되겠다'거나 '자산 목표 10억 엔'이라는 꿈도 좋다. 출세나 돈은 옛날이나 지금이나 인간에게 강한 동기를 부여한다. 이런 종류의 꿈을 다른 사람에게 말할 필요는 없다. 자신의 마음속에만 담아두면 된다. 물론 "출세 따위는 안 해도 좋다"거나 "돈은 적당히만 있으면 된다"고 하는 사고 방식도 하나의 가치관이지만, '사장'이나 '10억 엔' 또한 그것대로 훌륭한 꿈이다. 진심으로 그렇게 생각한다면 매일 매일을 생기에 넘쳐서 보낼 수가 있다.

꿈이 확실해지면 당신은 무엇인가를 버려야만 한다. 그것은 자유로운 시간이기도 하고, 놀이나 술, 친구이거나 살고 있는 집, 현재 다니는 회사이기도 하다. 무엇을 버릴 것인가는 꿈에 따라서 달라지겠지만, 적어도 지금과 같은 라이프 스타일로 꿈을 달성할 수 있을 것이라고 생각한다면 그것은 안이한 태도이다. 어차피 쉽게 달성할 수 있는 것을 꿈이라고 부르지는 않았을 것이므로…….

꿈이 있으면 마음이 들뜬다, 몸 안에 힘이 솟는다, 괴로운 것도 참을 수 있다 — 꿈이 이렇게 당신에게 생활의 탄력을 가져다 줄 수 있는데, 그런 꿈을 갖지 않는다면 그것은 손해다.

그렇다면 이제 당신이 정말로 하고 싶은 것은?

아무에게도 지지 않는 나만의 '장기'를 가져라

◎ 전문성이 커다란 무기가 된다

20대는 자기 자신을 갈고 닦을 절호의 시기다. 특히 이것만은 그 누구에게도 지고 싶지 않다는 분야를 한 가지라도 좋으니까 만들면 좋겠다. 21세기는 나이나 지위가 아니라 '무엇을 할 수 있는가'가 중요해지는 시대다. 전문성은 커다란 무기다. 전문적인 능력이 높으면 리더십을 발휘하기도 쉽다.

가전제품과 컴퓨터 주변 기기를 판매하는 대기업의 대리점에서 일을 하고 있는 W군의 대리점에서는 요즈음 가전제품이 매출에서 차지하는 비율이 늘어나고, PC나 그 주변 기기의 판매가 오히려 급속하게 줄어들고 있다. 그런데 주임인 W군을 비롯하여 직원 대부분이 PC 등 컴퓨터에 관한 지식이 모자라 이러한 추세에 큰 걸림돌이 되고 있다.

그래서 W군은 일대 결심을 하고 메이커가 주최하는 세미나에

참석하는 것은 물론이고, 인터넷 모임방에도 가입을 해서 사람들과 정보를 주고받기 시작했다. W군은 이야기한다. "새로이 출시되는 컴퓨터는 역시 실제로 조작해서 익히지 않으면 안 돼요. 덕분에 손님의 질문에 꽤 자신 있게 대답할 수 있었습니다. 멀티미디어 시대가 바로 코앞입니다. 그래서 다른 사원에게도 인터넷 모임방에 가입하라고 권하고 있습니다"라고.

한 레스토랑 부매니저인 E군은 지난달부터 회계 학원에 다니기 시작했다. 일을 마친 뒤에 학원까지 다니자니 힘들었지만 이제 곧 체인점을 하나 맡아야 할 입장인 그로서는 회계 지식이 필수다. E군이 이야기하기로는 "학교 다닐 때 수학을 영 못했는데, 그렇다고 스파게티 값 계산도 못해서야 장사를 할 수가 없지 않습니까"라는 것이다.

한 지방 농협 지점 청년부의 리더인 G군은 벼농사가 날씨에 크게 좌우되는 만큼 기상 예보사 자격 취득을 취득하려 하고 있다. 이미 한 번 시험을 봐서 떨어졌지만 다음에는 꼭 붙겠다는 일념으로 공부하고 있다. G군은 "예보사 자격을 따면 특별히 이 지방에 필요한 예보만을 골라서 할 수도 있기 때문에 모두들 기뻐해 줄 것이라고 생각합니다"라고 말한다.

백화점의 한 식품 코너 담당 주임인 K군은 지금 중국어 공부에 열성이다. 회사가 앞으로 중국에 수많은 체인점을 낼 방침을 갖고 있다고 발표했기 때문이다. 가까운 장래 중국 진출을 위한 인재

공모가 있을 때 K군은 적극적으로 응모할 예정이다. K군은 이야기한다. "이 프로젝트는 제로에서 출발하기 때문에 꿈이 있습니다. 그쪽에 가서 일일이 통역을 통해 얘기하는 것보다 서로 중국어로 얘기를 할 수 있으면 의사 소통이 훨씬 수월할 겁니다. 저는 중국 비즈니스 전문가가 되고 싶습니다"라고.

지금 K군은 통근 전철 속에서 회화 테이프를 듣고, 집에서는 교육 방송을 녹화하여 공부하는 등 어학 실력을 향상시키기에 여념이 없다.

◎ 노력한 사람은 반드시 보상받는다

전문성을 높이거나 자신의 장기를 다지려면 자유로운 시간을 활용하여 자기 계발에 투자를 해야 한다. 20대 때는 회사 일도, 개인적인 일도 모두 바쁘기 때문에 충분한 시간을 확보하기가 좀처럼 쉽지 않다. 그래도 목표를 명확하게 하고 계획적으로 노력해나가는 사람만이 성공을 거머쥘 수가 있다. 그렇다! 지금 자신을 한 단계 높여놓으면 30, 40대가 되어서 더 큰 일을 할 수 있다.

여기서 '시간은 내가 만들어내는 것'임을 명심하자. 멍청하게 지내다 보면 자기 계발을 할 수가 없다. 의식적으로 노력하지 않으면 계속해서 자신의 능력을 높여 가기가 어렵다. 우선은 계획을 확실하게 세워야 한다. 계획은 다음과 같이 나누어 하는 것이 좋다.

1) 휴일의 자기 계발 예정

2) 평일의 자기 계발 예정

1)은 도서관 이용을 권한다. 주위의 자극을 받기 때문에 집에서 공부하는 것보다 훨씬 능률이 오른다. 2)는 자택 학습 외에 통근 시간이나 점심 시간을 유효하게 활용하자.

이 외에 얼마 안 되는 자투리 시간을 철저하게 활용하는 것도 필요하다. 필요하다면 학원을 다니거나 인터넷 교육을 수강하는 것도 좋다.

그리고 업무 시간중에라도 문제 의식만 있으면 자기 계발 테마와 관련이 있는 여러 가지 것을 배우거나 알아볼 수가 있다. 자기 계발 노력이 하루하루의 업무와 밀접하게 결합할 수 있다면 더 큰 학습 효과를 거두게 될 것이다. 또 자기 계발에 의해 전문 능력이 높아지면 높아질수록 하루하루의 업무가 재미있게 된다. 부디 이러한 선순환의 사이클을 만들어보기 바란다.

지금 노력하지 않고 도대체 언제 노력한다는 것인가? 지금 한 맘으로 노력하면 장래에 분명 커다란 결실이 돌아올 것이다. 편하게만 지내서는 큰 결실을 기대할 수 없다. '노력은 반드시 보상받는다'고 믿고 힘을 내자.

인생 성공을 가져오는 적극적인 사고

◎ 생각 하나로 세계가 바뀐다

4장에서 위기에 빠졌을 때의 마음 자세와 대응 방식에 대해서 설명을 했는데, '괜찮아, 분명 잘될 거야' 하고 자신을 격려하면 큰 도움이 된다는 사실에 대해서는 이야기하지 않은 것 같다. 어려움에 처했을 때 불안해하며 비관에 빠지면 잘될 일도 안 된다. 반대로 '괜찮아, 분명 잘될 거야' 라고 마음속으로 긍정적인 생각을 반복하다보면 신기하게도 상황은 호전되게 된다.

상황은 자신이 생각하는 대로 움직이는 법이다. 비관적으로 생각하면 비관적인 방향으로, 낙관적으로 생각하면 낙관적인 방향으로. 그렇기 때문에 '매출은 앞으로도 더 떨어질 것이다' 라고 생각하는 것과 '앞으로 매출은 회복될 것이다' 라고 생각하는 것은 많은 차이가 있다. 또 '제 때에 하지 못하면 어쩌지?' 하고 생각하는 것과 '괜찮아, 절대로 늦지 않을 거야' 하고 생각하는 것도 많이 다르다.

이런 것은 인간 관계에서도 마찬가지다. '이번 상사는 별로 좋지 않은 사람이야' 하고 생각하는지, '고집스러워 보이지만 일은 잘할 것 같다'라고 생각하는지에 따라 이후의 인간 관계가 풀려나가는 방향이 상당히 달라진다. 왜냐하면 어떻게 생각하느냐에 따라 자신의 대응이 달라질 것이고, 그 결과 상사가 자신을 보는 시선도 달라질 것이기 때문이다.

사람의 행동은 사고 방식에 의해서도 영향을 받는다. 두뇌의 활동도 또한 사고 방식에 의해 영향을 받는다. 나아가서 얼굴 표정조차도 그렇다. 그러므로 긍정적인 사고를 하면 머리도 몸도 얼굴도 활기에 넘치고, 부정적인 사고에 사로잡히면 몸도 마음도 얼굴도 어두워진다. 이럴 때 활동의 결과는 정반대로 나타날 것이다.

사람은 의외로 단순한 동물이다. 무엇이든 스스로 할 수 있다고 생각하면 할 수 있고, 할 수 없다고 생각하면 하지 못한다. 물론 열심히 노력을 해도 성취가 불가능한 일도 있지만, 그것은 예외라고 생각해도 좋다. 거의 대부분의 일은 성취가 가능하다. 성공하는 것과 실패하는 것은 모두 자기 자신의 생각이 가져온 결과이다. 그러니까 실패를 주위 사람이나 환경 탓으로 돌리지 말라.

뭔가 어려운 일에 직면했을 때에는 '괜찮아, 분명 잘될 거야'라는 문구를 주문을 외우듯이 읊조리자. 그렇게 하면 몸 속 깊은 곳에서부터 원기가 솟아나 '좋아, 할 수 있겠다'는 기분이 들 것이다. 그리고 그 기분이 일의 준비, 아이디어의 창조, 사람과의 교섭 등을 힘차게 추진하는 힘이 돼준다.

◎ '되고 싶은 나' 의 이미지를 강렬하게 그려라

인생에서 성공한 사람이 되고 싶다면 자신의 '이상적인 성공 이미지' 를 마음 속에 그려보는 것이 좋다. 그 이미지가 구체적이면 구체적일수록 당신에게 힘을 줄 것이다.

한 백화점의 식품 코너에서 어류 판매 주임을 맡고 있는 U군은 열심히 일을 하는 20대 리더인데, 나중에 자기 소유의 어류 도매상을 경영하는 것이 꿈이다. 그는 잠자리에 들 때나 아침에 눈을 떴을 때 자신이 사장으로서 경영을 진두 지휘하는 모습을 머리 속에 그려본다. 처음에는 흐릿한 이미지밖에 떠오르지 않았지만, 최근에는 개점 전부터 수많은 손님이 줄 서 있거나 매장 앞에서 큰 소리로 손님을 부르며 생선을 팔 때, 수산물 업자와 가격을 협상하거나 선전용 광고물의 내용을 체크할 때 직원들에게 힘을 내라고 외치는 그런 이미지들이 한결 구체적으로 떠오른다.

생명 보험 회사에서 우수한 성적을 올리고 있는 S군도 어느 책에서 이미지 트레이닝의 효용에 대한 글을 읽고 크게 공감하여 그 뒤로는 거기 나온 대로 실천을 하고 있다. 그의 꿈은 '최고의 세일즈맨이 되는 것' 이다. S군은 침대에 누워 자기 전, 그리고 아침에 눈을 떴을 때 침대 속에서 하루도 거르지 않고 이미지 트레이닝을 하고 있다.

그의 경우 기업의 경영자를 상대로 하는 대형 보험 세일즈를 성공시키거나 연봉 5,000만 엔을 받고 고급 외제차를 타고 다니는 장면 등등을 그려본다. S군은 세일즈하는 중간에라도 스스로에게 '우리나라 최고, 우리나라 최고'라고 외쳐본다고 한다.

굉장한 것은 둘 다 자신이 그리는 모습을 '반드시 실현할 수 있다'고 굳게 믿고 있다는 점이다. '좀 무리가 아닐까'라는 생각은 조금도 하지 않는다.

U군은 "조금이라도 의심을 하거나 하면 트레이닝의 효과는 제로예요. 그렇다면 시간 낭비니까 안 하는 편이 낫죠. 자기 자신에 대한 신념이 없으면 이 트레이닝은 계속할 수 없습니다"라고 이야기한다. 그러고 보니 정말 그렇다.

자기 자신을 믿지 못하는 사람은 성공할 수가 없다.

주위 사람들에게 도움이 되는 사람이 되라

◎ 다른 사람들에게 감동을 줄 수 있는가?

바로 앞에서 인생에서 성공하기 위한 사고법을 설명했는데, 여기서 하나 더 '다른 사람에게 도움이 되고 싶다'는 생각을 갖는 것도 성공의 비결이라는 것을 이야기하겠다. 이런 생각이 강한 사람일수록 좋은 성과를 낳고, 손님이나 거래처에서 기뻐하는 일을 한다. 그리고 주위에서 높은 평가를 받고 지위나 부도 얻게 된다.

게다가 다른 사람을 위해 뭔가를 할 수 있다는 것은 자기 자신에게 기쁨을 가져다 준다. 자원 봉사 활동을 하는 사람들이 "실은 나 자신을 위해서 하고 있는 겁니다"라고 이야기하는 것도 바로 이 때문이다. 물론 비즈니스는 자원 봉사 활동이 아니기 때문에 이익을 내야만 하지만 '더 많이 기쁘게 하고 싶다'는 생각을 한다는 점에서는 동일하다. 즉 그것이 사업 번성의 비결이다.

젊어서 이런 점을 이해하면 일이 점점 더 재미있어지고, 그렇게 되면 성공은 약속된 거나 진배없다. 그러나 현실에는 자신의 형편이나 '편해지고 싶다'는 기분을 우선시하는 사람이 많다. 이런 사람은 손님이나 거래처에 감동을 줄 수가 없다. 이래서는 조직도 개인도 눈앞에 뻔히 보면서도 성공을 향한 찬스를 놓치는 것과 다름없다.

중견 주택 건설 회사의 영업 사원인 K군은 입사한 뒤로 지금까지 연속해서 좋은 성적을 올리고 있는데, 그 비결은 그만의 독특한 애프터서비스에 있었다. 그는 동료들에게는 그 노하우를 밝히지 않았는데, 주택을 구입한 손님에게는 구입 후에도 계속해서 철저히 관리하며 도움을 주고 있었던 것이다. 주택을 구입한 손님들에게 정기적으로 전화를 걸어 상태를 듣고, 뭔가 있으면 바로 달려가 상담을 한다. 주로 집수리나 증축, 융자, 매각, 세금 등에 대한 상담인데 성실성과 공손한 태도가 평가를 받아 지금까지 꽤 많은 새로운 손님을 소개받았다.

K군이 이야기한다. "집을 판 뒤가 중요합니다. 영업 사원으로서 성의를 보이기 쉽거든요. 손님에게 새로운 손님을 소개받을 수 있으면 일이 편합니다"라고.

나아가 K군은 손님이 입주한지 1주년이 되는 날에는 자신의 주머니 돈을 털어서 축하의 꽃다발을 보낸다. 팔고 나면 그만인 영업 사원이 대부분인 세상에 손님을 소중히 여기는 그의 그런 자세는 손님들에게 그만큼 더 큰 감동을 준다.

◎ 기쁜 마음으로 일하기

요전번에 나는 시민 회관에서 강연을 할 기회가 있었다. 강의장이 마련된 시립 도서관에 시간보다 일찍 도착했는데, 그곳 도서관 사서인 N씨가 도서관을 안내해주었다. 최근에 개관한 도서관이었는데 시설이 훌륭했고, 학생을 비롯하여 많은 사람들이 이용하고 있었다. N씨는 장서의 특색, 도서의 선정과 구입 예산, 이용 상황 등에 대해서 상세히 설명해준 다음, 마지막으로 "이렇게 보람 있는 일을 할 수 있어 저는 혜택 받았다고 생각합니다"라고 이야기했다.

N씨의 경우는 개인적인 성공 운운을 떠나서 일하는 보람이 있는 직장에서 하루하루를 매우 충실하게 지내고 있는 것 같았다. 앞서의 K군과 공통된 점은 시민들을 '더 많이 기쁘게 하고 싶다'는 마음이 강하다는 점이었다. 한정된 예산을 가지고 도서를 선정할 때에는 언제나 이용자의 얼굴이 떠오른다고 한다. 또 최근에는 이용자의 요청으로 CD나 비디오 대출에도 힘을 쏟고 있다고 하는데, 서고에는 CD와 비디오가 많이 진열돼 있었다.

그는 이렇게 이야기한다. "이렇게 보람 있는 일을 할 수 있어 저는 혜택 받은 사람이라고 생각합니다"라고.

당신도 N씨와 같은 말을 할 수 있을까? N씨와 같은 직업에 종사하는 사람이 전국적으로 수없이 많겠지만, 그 중에는 "혜택 받았다고는 생각하지 않는다"고 이야기하는 사람도 있을 것이다. 그런 사람은 대개 자신의 노력은 뒷전으로 미루고 푸념이나 불평 불만을 앞세우는 사람들이다. N씨처럼 '이용자들을 더 많이 기쁘게 하고 싶다'는 마음이 거의 없는 사람들이다. 관심이 있는 것은 근무 조건이나 대우에 관한 것뿐인 사람들이다. 그런 생각 속에서 스스로 자신이 하는 일을 재미없는 일로 만들고 있다.

이렇게 생각을 어떻게 하느냐에 따라 모든 것이 천양지차로 달라진다. 다른 사람을 '더 많이 기쁘게 하고 싶다'는 마음과 일의 충실감의 관계는 아무리 강조해도 지나치지 않다. 이런 점에 대해서는 리더 혼자만 알고 있을 것이 아니라 부하 직원들에게도 설득력 있게 전해주었으면 한다. "나 자신을 잊어버리는 쪽이 결과적으로 나를 위한 것이 되더라구" 하는 식으로 이야기해도 좋겠다. 무슨 선문답 같지만, 일이란 그런 것이다.

일은 스스로 재미있게 해야 한다. 그렇게하기 위해서는 보다 많은 사람들을 '더 많이 기쁘게 하고 싶다'는 생각을 품는 것이 중요하다. 더 많이 기쁘게 하기 위해서는 어떤 고생도 마다하지 않아야 한다. 진심으로 그렇게 생각하면 직종과 상관없이 일류 직장인이 될 수 있다.

비즈니스맨의 세계이든, CEO의 세계이든 일류들이 놓치지 않는 포인트는 공통적이다. 상대방을 만족시키겠다는 욕구를 우선시키면 얼굴 표정까지도 바뀌니까 신기하다.

감사의 마음으로 사람을 대하면 사람이 따른다

◎ '정말, 고마워' 하는 생각

아버지로부터 단독 주택을 건설하는 회사를 물려받아 경영을 하고 있는 Y군은 사원들에게 상당한 인망을 얻고 있다. 사원 가운데 누구의 가족이 입원했다는 소리를 들으면 바로 위로금을 가지고 병원으로 달려가고, 직원의 아이가 진학했다는 말을 들으면 "이것으로 뭘 좀 사주게" 하고 슬쩍 축하금을 건네주는 등 그 마음 씀씀이가 실로 자상하기 때문이다. Y군은 "직원들이 제게 늘 용기를 주니까 그 은혜를 갚는 건 당연하지요"라고 그 정도는 아무 것도 아니라는 듯 이야기한다.

우리는 어떤 상황에 처하더라도 긍정적인 사고로 자신감을 갖고 일에 임해야 한다. 그리고 동시에 항상 주위 사람들에게도 감사하는 마음을 가져야 한다. 상사, 동료, 후배, 아르바이트, 파트타이머, 손님, 거래처, 가족 등에 대해 '정말, 고마워' 하는 기분을 가져야 한다. 또한 우리 회사나 경영자에 대해서도 진심으로 '감사하다'고 생각해보자. 그러면 일하는 태도가 힘차게 바뀔 것이다.

이와 같이 감사하는 마음과 회사나 주위 사람들을 긍정적인 시각으로 보는 태도는 동전의 앞뒤와 같이 뗄려야 뗄 수 없는 관계에 있다. "그렇게 해주는 게 당연하지"라든가 "아직도 불만이야" 하는 마음으로 사람들을 대하면 당신에 대한 평가는 내려갈 뿐이다.

이 세상을 나 혼자만의 힘으로 살고 있다고 생각한다면 큰 오산이다. 일이 순조로이 풀리는 것도, 트러블이나 문제가 해결되는 것도 모두 다 주위 사람들 덕분이다. 그 사람들이 열심히 도와 주거나 일해주지 않는다면 나 혼자만의 힘으로 할 수 있는 일이란 게 뻔한 일뿐이다. 당신이 이 세상에 태어난 것도 부모님이라는 존재가 있었기에 가능했던 것이 아닌가? 이런 식으로 생각하면 어떤 사람에 대해서도 겸허해질 수가 있다.

반복하는데, 다른 사람이 당신에게 무언가 해주었을 때 그것이 '당연하다'고만 생각해서는 안 된다. 상대방이 나를 위해서 소비한 시간과 노력을 상상할 수 있는 사람이 되자. 거래처가 잘해주었을 때도 '비즈니스니까 당연하다'고 딱 잘라 결론지어서는 안 된다. 반드시 감사하는 마음을 말로 전달하자. 바로 전화로 감사 인사를 하자. 감사 편지를 보내자. 그러한 마음 씀씀이가 상대방과의 관계를 더 좋게 만들어준다.

◎ 감사의 마음을 행동으로 보여라

주문형 목조 주택의 판매로 급성장하고 있는 한 회사가 있다. 그 회사는 매년 4월에 신입 사원들을 뽑는데, 재미있는 것은 신입 사원들은 첫 월급의 일부를 선물과 함께 부모님께 드리도록 의무화하고 있다는 것이다.

창업자인 회장님은 말한다. "사회인이 되었으니까 지금까지 키워주신 부모님께 감사의 마음을 전하는 것은 당연합니다. 그것도 하지 못하고서야 어떻게 타인인 손님께 감사할 수 있겠습니까?" 라고.

듣고 보니 지당한 말씀이다. 이 회사가 최근 몇 년 동안 연속해서 큰 폭으로 수익이 증가한 것도 사원 한 사람 한 사람의 이러한 의식 개혁의 성과일 것이다. 덧붙이자면 이 회사는 대졸 사원은 일체 채용하지 않는 것으로도 유명하다. 대졸은 머리만 커서 남에게 감사할 줄 아는 마음이 결여되어 있다는 생각이다.

O군이 생활 필수품 팀장을 맡고 있는 교외의 대형 할인점에서는 매일 아침 조회 때 아르바이트를 포함한 직원 모두가 다섯 개의 사훈을 제창한다. 그 가운데 '손님께 감사하자'라는 사훈이 있는데, 모두 입으로는 따라서 외치지만 아무래도 마음으로는 이해하고 있는 것 같지가 않다. 그것은 그들이 일하는 모습을 보고 있

으면 안다. O군이 이야기하기로는 "사실 왜 감사해야 하는지 모르니까요"라는 것이다.

O군은 이대로 두면 안 되겠다고 생각하고, 매니저와 상의를 하여 다음주부터는 '나는 어제 이런 감사의 행동을 했습니다' 라는 테마로 발표시키기로 했다.

O군이 이야기했듯이 조회 때 '손님께 감사하자' 라고 슬로건을 외칠 뿐 그것으로 끝나는 일이라면 그것은 아무 소용도 없는 일이다. 직원 한 사람 한 사람 모두가 자신의 일터에서 감사의 마음을 행동으로 옮겨야 한다. 감사의 마음이 '더 도움이 되고 싶다' 는 기분으로 이어진다면 영업적 측면에서든 수익적 측면에서든 손님에게 비굴해질 필요가 없어진다. '상대방을 위해서 일하는 전문 컨설턴트' 라는 자긍심을 갖고 일에 임하면 된다.

상대방에 대한 감사의 마음과 자신이 하는 일에 대한 자신감과 자긍심을 양립시켜 발전시키는 것이 진정한 프로페셔널이다. 감사의 마음이란 무엇에나 굽실굽실 머리를 조아리는 것이 아니다. 오히려 업무의 질을 높일 것, 서비스를 제대로 할 것, 여러 가지로 친해져서 상담에 응해줄 것. 이런 것들의 실천이 감사의 마음이다.

사람과의 만남, 책과의 만남을
소중하게 생각하라

◎ 인맥을 확장하고 심화하는 방법은 무엇일까?

옛부터 "친구 중에 의사와 변호사, 은행가가 있으면 안심하고 인생을 보낼 수 있다"는 말이 있다. 당신에게는 어떤 친구와 지인이 있을까? 딱히 엘리트일 필요는 없겠지만 여러 유형의 친구나 지인이 있는 것이 비즈니스나 개인 생활에 도움이 된다는 것은 확실하다.

친구와 지인에는 여러 가지 유형이 있을 것이다. 이때 직업은 물론이고 성별이나 연령을 불문하고 폭넓게 사귀는 것이 좋다. 어디서, 어떻게 알게 되더라도 상관이 없다. 이해 관계는 있어도 좋고 없어도 좋다. 사람들은 이해 관계가 없는 친구가 좋다는 말들을 자주하는데, 그것이 중요한 것이 아니다. 비즈니스를 통해 알게 된 사람이라 하더라도 'Giver(주는 사람)'로 신뢰 관계를 쌓아가면 친구 이상이 될 수 있다.

어느 화장품 메이커에서 노동조합 사무장을 하고 있는 W군의 취미는 자동차로 전국 각지를 여행하는 것이다. 그래서 휴일마다 그는 들로 산으로 여행을 다닌다. 한 친구의 권유로 3년쯤 전부터 시작한 취미인데 덕분에 친구도 제법 생겼다. "일하고는 전혀 관계없는 것이 좋아요"라는 것이 W군의 말인데, 그래도 그들과 진심을 갖고 이야기하는 속에서 지금 조합이 중점적으로 풀어가고자 하는 '주 5일 근무제'에 대해 생각하게 되는 일이 많다. 이 친구들은 '주 5일 근무제'란 문제에 대해서 모두가 그렇게되어야 한다고 생각하고 있다. 이야기를 하다 보면 거기에서 조금 더 깊이 들어가 월급 문제, 교통 체증, 저렴하게 이용할 수 있는 리조트 시설 부족, 나아가서는 국제 경쟁력 문제 등에 이르기까지 화제가 다방면에 걸쳐서 흥미롭게 펼쳐진다.

민박집에 묵기도 하고 캠핑을 하기도 하는데 그럴 때 동료들에게 배우는 것이 많다. 샐러리맨, 공무원, 디자이너, 컴퓨터 매니아, 인라인 스케이트점의 사장 등 실로 여러 업계의 사람들이 있기 때문에 아주 재미가 있다.

W군은 이야기한다. "일에서 오는 스트레스가 한 방에 날아가 버려요"라고.

사람과 사람의 만남은 내가 먼저 정보나 시간, 배려를 해줄 때 잘 풀린다. 이미 앞에서 이야기한 것처럼 이런 타입의 인간을 Giver라고 부르고, 그 반대로 '~해줬으면 좋겠다'라고 생각하는

타입을 Taker라고 한다. Giver가 되기 위해 노력하면 교제의 폭은
더욱 넓어진다.

◎ 독서로 시야를 넓힌다

일이 바빠서 놀 틈도 없다는 20대 리더에게는 독서를 권하고
싶다. 책은 통근 전철 안에서도 마음 가볍게 읽을 수가 있다. 미래
에 대한 욕심이 있는 리더라면 더욱더 책을 읽어야 한다.

어떤 기획사의 카피라이터로 일을 하는 H군은 매달 책 3권을
읽는 것을 개인적인 과제로 삼고 있다. H군은 다른 카피라이터의
여러 광고 카피를 소개하는 책, 기획력을 높이기 위한 책, 고객의
니즈(Needs)를 다룬 책을 중심으로 읽는다. H군은 "수첩에 독서
스케줄을 써넣습니다. 열흘마다 빨간 줄을 긋고 책 제목을 기입합
니다"라고 이야기하면서 자신의 수첩을 보여주었다. 5년 전에 입
사했을 때 당시의 상사로부터 책을 많이 읽어야 한다는 말을 듣고
나서 그 뒤로 매달 이 페이스로 읽어오고 있다고 한다.

H군은 다음과 같이 이야기해줬다. "덕분에 시야가 꽤 넓어졌다
고 생각합니다. 카피라이터는 시대의 변화에 뒤떨어지면 끝이니
까요. 항상 새로운 아이디어를 생각해내지 않으면 안 됩니다. 지
금은 일이 끝난 뒤에 서점에 다니는 게 취미처럼 되어버렸습니다.
책값은 들지만 술을 마신다고 생각하면 싼 거죠"라고.

H군은 책을 읽을 때 노랑 형광펜으로 중요한 부분에 밑줄을 긋

거나 연필로 생각한 것을 적어둔다고 한다. 이것은 매우 좋은 방법이므로 독자 여러분에게도 권하고 싶다. 이렇게 해두면 나중에 다시 읽을 때 그 부분에만 눈을 주면 대략의 포인트를 파악할 수가 있다.

책뿐만이 아니라 신문에도 눈길을 주도록 하자. 가능하다면 경제 신문이 좋다. 특히 자신의 업계나 일에 관련된 기사에 주목하자. 그리고 도움이 될 것 같은 기사는 스크랩해두자. 스크랩한 기사에는 날짜를 쓰고 커다란 스크랩북에 차례로 정리해두면 된다. 그렇게 하면 오래된 기사는 가끔씩 펼쳐보면서 때때로 정리하면 된다.

그러나 '내 머리로 생각하는 것'을 잊어서는 안 된다. 자기 머리로 생각하는 노력을 소홀히 하고 얻어들은 정보만 입에 올리다가는 '얄팍한 인간'이 되어버린다.

삶의 전환점을 생각해야 할 때
이것을 어떻게 맞이할 것인가?

◎ 정말로 곤란할 때 의지할 수 있는 것은?

미용실 체인점 실장을 맡고 있는 F군은 솜씨가 매우 뛰어나서 손님의 반 이상이 그를 지명할 정도다. 지금 그런 그에게 라이벌 체인점으로부터 스카우트 제의가 들어와서 어떻게 할까 망설이고 있다. 그것 때문에 요즘은 일에 대한 집중력이 산만해지면서 손님으로부터도 "평상시랑 다르네?"란 불만의 소리가 나오기 시작했다.

한 화장품 회사의 미용 파트 대장격인 U씨는 지금까지 일에 열심이었고, 더구나 후배를 잘 돌보는 것으로 높은 평가를 받고 있었다. 그런데 요즈음 기운이 없다. U씨에게는 광고 회사에 근무하는 남편이 있는데, 최근에 그가 바람을 피운다는 것을 알게 되었던 것이다. 남편을 추궁하여 "미안하다. 하지만 이미 헤어졌어"라는 말을 듣기는 했지만 그녀로서는 도저히 믿을 수가 없는 상황이

벌어진 것이다. 현재 흥신소에 부탁을 해서 남편의 소행을 추적하고는 있지만, 어느 쪽이든 간에 "이제 안 될지도" 하는 기분이 들고 있다. 이런 상황이니 일에 신경을 집중할 수가 없는 것이다.

한적한 교외의 레스토랑 매니저 일을 하고 있는 K군도 요즈음 개인적인 사정으로 기운이 없다. 그는 카드 빚 때문에 골치를 앓고 있다. 9개의 카드 회사에서 마구 돈을 빌려대서 금액이 무려 500만 엔까지 부풀어 있다. 지금까지는 한 카드 회사의 빚을 갚기 위해 다른 곳에서 빌리는 식의 돌려막기 방식으로 버텨왔는데, 더 이상 어쩔 도리가 없는 곳까지 몰리고 만 것이다. 레스토랑으로 하루에도 몇 번씩 독촉 전화가 걸려오다 보니, 부하 직원들이나 파트 타이머들의 시선이 곱지 않다.

셋 다 사정은 다르지만 인생의 전환점에 서 있다. 일에 집중할 수 없는 것은 당연한 일이다. 그러나 셋 다 이 상태로 계속 간다면 손님을 포함하여 주위 사람들에게 폐를 끼치고 만다. 결단을 서둘러야 한다. 그것이 자기 자신을 위한 길이기도 하다.

이런 때야말로 혼자서 고민할 것이 아니라 마음을 툭 털어놓고 이야기할 수 있는 선배나 친구와 이야기를 나누어보는 것이 좋다. 좋은 조언을 듣지는 못하더라도 상대방이 내 얘기를 들어주는 것만으로도 기분이 상쾌해질 수가 있다. 나름대로의 결단을 한 뒤에 이야기를 해도 좋다.

◎ 잘못된 판단을 하지 않으려면 어떻게 해야 할까?

결단을 서두르라고는 했지만 초조한 상태에서 섣부른 결단을 내려서는 안 된다. 이러한 심각한 고민에 직면했을 때에는 '나는 5년 뒤, 10년 뒤에 어떤 인생을 보내고 싶은가'를 기준으로 생각해보는 것이 좋다.

F군의 경우라면 10년 뒤의 이상을 ① 지금 이 체인점에서 일하고 싶다. ② 라이벌 체인점에서 일하고 싶다. ③ 완전히 딴 체인점에서 일하고 싶다. ④ 독립해서 개업을 하고 싶다 가운데 하나일 것이다. 예를 들어 ④인 경우라면 '그렇다면 이번 선택은 어떻게 해야 하나?' 하고 생각하면 된다.

U씨의 5년 뒤, 10년 뒤는 ① 지금의 남편과 편안한 가정을 영위하고 싶다 ② 혼자서 맘 편히 살고 싶다 ③ 좋은 사람이 있다면 재혼하고 싶다 가운데 어느 하나일 것이다. 즉 남편이 현재 바람을 피우고 있는지 아닌지 하는 문제도 신경에 걸리긴 하겠지만, U씨 자신이 주체적으로 이상적인 미래상을 굳히는 것이 그 이상으로 중요하다. 만약에 그 결과가 ②나 ③이라면 남편이 정말로 그녀와 헤어졌다고 하더라도 '이혼'을 하는 편이 더 나을 수 있다.

이 세 명 가운데 K군이 가장 큰 위기에 몰려 있다. 여기서 판단을 잘못하면 인생의 낙오자가 되어버린다. 사실 K군의 5년 뒤, 10년 뒤의 이상은 '평범해도 좋으니까 가정을 꾸리고 아이가 한두 명 있는 상태'일 것이다.

그렇다면 이 위기에 어떻게 대처해야 할까? 궁극의 선택은 ①자기 파산 신청을 한다. ② 부모님이나 친구에게 빌려서 전액을 변제한다. 이 둘 중 하나일 것이다. ③ 이대로 살얼음판 걷기를 계속한다는 최악의 선택이다. 물론 ①을 선택하면 생활 면에서 자유스럽지 못할 것이고, ②의 경우에는 매달 변제해나가야 한다. 직장을 그만둘지 어떨지 하는 판단은 (만약에 주위에서 지켜봐 준다면)이 문제를 일단락짓고 난 다음에 해도 늦지 않다.

　인생의 전환점에 봉착하게 될 때에는 이와 같이 하나의 판단 기준을 명확히 하고, 그 기준에 비추어서 문제에 대처하는 것이 현명한 대응 방법이다. 눈앞의 사태에만 애가 타서 종종거린다면 가령 스카우트 제안이 있는 F군이라 해도 미래를 낙관할 수가 없다.

　중요한 것은 내가 내 인생의 주인공이라는 것이다. 친구나 아는 사람으로부터 어드바이스를 듣는 것도 좋지만 최종 판단은 자기 자신이 내려야 한다.

20대 리더는 끊임없이
자기 변혁을 추구해야 한다

◎ 리더의 기본은 '자기 자신에게는 엄격하게'이다

20대 리더는 부하 직원이나 후배, 아르바이트나 파트 타이머에게 모범을 보여야 한다. 적극적으로 일하는 모습뿐만 아니라 시간 엄수, 공과 사의 구별, 자기 계발, 건강 관리 등등의 면에서 "과연 리더답군" 하고 느끼게 해야 한다. 언행일치도 중요하다. 평소의 언행이 일치하지 않으면 아무리 좋은 말을 하더라도 아무도 따라오지 않는다.

리더로서 자기 관리의 기본은 '자신에게는 엄격하게'이다. 눈앞에 편한 길과 험한 길이 있다면 굳이 험한 길을 갈 필요는 없겠지만, 필요하다면 갈 수도 있다는 자세가 필요하다. 이것은 리더가 된 순간부터 각오해두어야 할 일이다. 리더가 되면 주위에서 보는 눈도 달라지기 때문에 지금까지와 같은 안이함은 허용되지 않는다.

S군은 6개월 전에 어느 중견 여행사의 법인 담당 영업 팀장이 되었는데, 팀장이 되고나서는 일하는 스타일을 확 바꾸었다. 예를 들면 지금까지 아침에는 자기의 집에서 손님의 회사로 직행을 하거나 저녁에는 손님과 만나고 나서 바로 집으로 직행했는데, 팀장이 되고나서는 반드시 회사에 한 번 꼭 들르도록 하고 있다.

　　S군은 "아침에 효율적인 시간 활용을 위해서 거래 회사로 바로 직행하는 편이 좋겠다고 생각되는 경우라 하더라도 웬만한 일이 아니면 회사로 먼저 출근합니다. 제 자신은 영업소에서 급한 일이 없더라도 부하 직원들은 나에게 보고하고 싶은 것이 있을지도 모르기 때문입니다. 또 상사로부터 뭔가 지시가 있을 수도 있습니다. 아니면 여러 가지 협의를 해야만 하는 일이 있을지도 모릅니다. 그리고 팀장급 사원은 회사에 들르지 않고 현장이나 집으로 직행하는 것이 좋지 않다고 생각합니다. 앞으로도 계속 영업소에 얼굴을 내밀 작정입니다"라고 이야기해주었다.

　　또 S군은 지금까지 영업을 하면서 밖으로 돌다가 도중에 커피숍에 들어가서 쉬는 일이 많았는데, 팀장이 되고부터는 "손님과 이야기를 나누기 위한 경우를 제외하고는 절대로 커피숍에 들어가지 않겠다"고 맹세하고 그것을 지키고 있다. 바깥을 돌다가 지쳤을 때 커피숍에 들어가서 쉬는 것이 반드시 나쁘다고는 할 수 없지만, S군은 굳이 자신을 엄격하게 속박하기로 한 것이다. S군은 이야기한다. "그런 것에서부터 긴장감이 풀리는 것 같았기 때문입니다"라고.

S군이 자기 개혁에 나서게 된 것은 팀장이라는 직책에서 오는 책임감 때문이었다. 이와 같이 커다란 변화의 시점에 섰을 때가 자신을 개혁할 수 있는 찬스이다. 단지 막연하게 "내가 팀장이 된 겁니까? 알겠습니다. 열심히 하겠습니다"라는 말만해서는 안 된다. 변화의 계기를 만든 S군의 앞날이 기대된다.

◎ 자신감을 갖기 위해 해야 할 것들……

자기 개혁은 업무 스타일의 개혁만으로 끝나는 것이 아니다. 개인 생활에서도 지금까지와는 다른 자신의 규율이 있어야 한다.

올 가을 한 호텔의 매니저로 전격 발탁된 K군은 6개월간의 금주를 실행중이다. 술을 아주 좋아하는 그로서는 정말 큰 결심이었지만, 사장님으로부터 "이 호텔은 모두 자네에게 맡기겠네. 자네 식대로 해보게"라는 말을 듣고 결심을 했다.

그때까지의 K군은 때때로 과음 탓에 오후에 출근하는 일도 있었지만, 매니저로 발탁된 이상 그런 모습을 보였다가는 다른 직원을 제대로 이끌고 갈 수가 없다. K군은 이야기한다. "매니저가 된 것을 기회로 제 자신을 새롭게 바꾸고 싶었습니다. 그래서 저에게 가장 힘들 만한 일을 해보기로 했습니다"라고.

K군에게 가장 힘든 것은 금주였지만 당신에게는 무엇일까. 기한을 정해도 좋으니까 그것을 견뎌보는 것은 자기 개혁의 좋은 계

기가 될 것이다. 이것 역시 승진을 하거나 뭔가 커다란 목표에 도전을 할 때 시작하면 좋다. 참을성을 일을 위한 에너지로 바꾸어가는 것이다.

인간은 약한 존재다. '안 되는 줄' 알면서도 편한 쪽으로 손이 먼저 가는 경향이 있다. 현재를 좀더 즐기기 위해 귀찮은 일을 뒤로 미루고 만다. 그것이 인간의 타고난 습성이라면 의식적으로 뭔가를 결의하여 거기에 브레이크를 걸 필요가 있다.

사람을 만나기로 했을 때 5분전에 도착하기, 개인 용도로 회사 전화를 쓰지 않기, 금연하기, 남을 비난하지 않기 등도 실행하기 쉬워 보이지만 계속해서 지켜내는 것은 결코 쉬운 일이 아니다. 스스로 결정한 룰을 제대로 지켜낸다면 남들이 어떻게 평가하느냐 이전에 나 스스로 자신감을 가질 수 있게 된다. 하고 싶은 것을 참는다, 하고 싶지 않은 것을 한다 — 이것만큼 사람의 마음을 단련시켜 주는 것도 없다.

이러한 자기 개혁은 일과성으로 끝나서는 안 된다. 그 때마다 자신에게 부족한 점들을 되돌아보고 계속해서 개혁의 수준을 높여가야 한다.

자신이 하는 일에 대해서
얼마나 자긍심을 갖고 있는가?

◎ **일을 계속할 수 있는 사람과 계속할 수 없는 사람의 차이**

당신은 자신이 하는 일에 대해서 얼마나 자긍심을 갖고 있는가? 만약 '별로야'라면 아무리 안 그런 척하려고 해도 그런 심정이 겉으로 드러나게 된다. 열의 부족은 아주 작은 일에서부터 드러나는 법이다. 상사는 물론 부하 직원이나 후배들, 나아가서는 손님들까지도 그것을 날카롭게 간파한다.

일에 대한 자긍심은 '내가 하는 일은 우리 사회와 사람들에게 도움이 된다'는 생각에서부터 나온다. 그렇다고 해서 그것이 반드시 세상의 평가나 자신의 수입과 일치하는 것은 아니다. 수입은 많아도 자신의 하는 일에 자긍심을 갖고 있지 못한 사람이 대단히 많다.

최근 나의 할머니께서 병으로 돌아가셨다. 장례식을 잘 치를 수 있게 해준 장의사 사람들의 일하는 태도, 특히 진두 지휘를 맡은

장의사 과장님의 일 처리는 정성스러웠다. 유족들에게 그 나름의 애도의 뜻을 표하면서도 움직임이 스피디했다.

잠깐 시간이 났을 때 그 과장님과 이야기할 기회가 있었다. 그는 나에게 다음과 같은 이야기를 해주었다.

"올해 들어 시기는 제각각이지만 이곳에 4명 정도 입사를 했네. 그런데 모두 3일이 안 돼서 그만둬버렸어. 내가 보기에는 3일만 버티면 그 다음부터는 그럭저럭 계속 일을 할 수 있는 일인데."

3개월이라면 모를까, 단 3일이라니 놀랐다. 그만큼 힘든 일이겠지.

나아가 그 과장님은 "그래도 나는 이 일이 보람 있는 일이라고 생각한다네. 어찌 됐건 사람의 일생에서 최후의 순간을 돌보는 거니까. 일이 일인만큼 밤낮 없이 해야 되고, 휴일을 미리 예정할 수가 없어 쉬는 날 가족과 함께 지낼 수 없는 때가 많네. 하지만 그래도 이 일에 보람이 있어"라고 이야기해주었다. 나는 그 이야기를 듣고 과장님의 정성스러운 일 처리 솜씨가 어디에서 비롯된 것인지 이해할 수 있을 것 같았다.

괜히 꾸며서 하는 말로 들릴지 모르지만, 사람은 누군가가 자신을 필요로 할 때 사는 보람을 느끼고 자긍심도 가질 수가 있다. 장의사 과장님의 경우는 '죽은 자와 유족이 자신을 필요로 한다'는 생각이 강할 것이다. 그렇다면 당신을 필요로 하는 사람은 누구일까? 이 점에 대해 한 번 깊이 생각해보자.

◎ 어차피 할 일이라면 '밝게', 그리고 '즐겁게' 하자

같은 회사에서 같은 일을 하고 있어도 자긍심을 갖고 하는 사람과 그렇지 않은 사람이 있다. 어디서 어떻게 달라진 것일까? 단지 본인의 마음가짐 문제일까?

최근 신문에서 다음과 같은 내용의 기사를 읽은 적이 있다.

'사람들을 대하는 것이 좋아서'라는 어찌 보면 너무 뻔한 동기에서 유통 업계에 취직하려는 여대생이 있었다. 목표를 대형 백화점으로 정하고 회사 방문을 계속했지만, 그런 수준의 지원 동기로는 채용할 수 없다는 것인지 그녀의 꿈은 허망하게도 무너져버렸다. 결국 고향의 슈퍼에 취직을 하게 되었는데 처음 배치 받은 곳은 계산대였다. 확실히 희망대로 매일 사람을 대할 수는 있게 되었지만 '이런 게 아니었어'라고 고개를 숙이고 계산기를 두드리는 나날이 계속되었다. 그래도 '오늘은 오뎅인가요?'라든가 '감기 나으셨어요?' 등등 장보러 온 주부들에게 말을 거는 것만은 빼놓지 않았다. 그런 어느 날, 계산기를 두드리던 손을 멈추고 고개를 휙 드니 사람들이 자기의 계산대에만 길게 줄 서 있는 게 아닌가……

그녀는 왜 주부들에게 말을 건 것일까? 계산대 일에 자긍심은 갖지 못했어도 어차피 해야 할 일이라면 즐겁게 일하자는 기분 때문이 아니었을까? 그런데 그 결과는 손님이 그녀 앞에만 길게 줄

들을 서게 된 일이 벌어진 것이다.

　이 하나의 경험으로 그녀는 일이란 것을 다시 생각하게 되었을 것이다. '재미없는 계산대 업무'라는 의식은 없어지고, "계산기 두드리는 것도 어떻게 하느냐에 따라서 재미있어"라든가 "나를 필요로 하는 사람들이 있어" 하는 마음이 들었을 것이다. 그러한 기분과 '자긍심'은 거의 동의어라고 생각해도 좋다.

　손님들에게 햄버거를 써빙하고 있는 나이지만, 이런 나를 필요로 하는가? 백화점에서 물건을 팔고 있는 나이지만, 이런 나를 필요로 하는가? 자그만 회사에서 경리 업무를 보는 나이지만, 이런 나를 필요로 하는가? 의류 회사에서 대리점 영업을 하는 나이지만, 이런 나를 필요로 하는가? 출판사에서 편집자로 일하는 나이지만, 이런 나를 필요로 하는가? 웹디자인 회사에서 밤낮 없이 일에 매달리고 있는 나이지만, 이런 나를 필요로 하는가? 호텔에서 프론트를 보고 있는 나이지만, 이런 나를 필요로 하는가? 이렇게 자신에게 자문자답해 보라. '그저 먹고 살기 위해서'란 이유만으로는 자긍심이 생길 수 없다.

　부디, 리더로서 부하 직원에게도, 후배에게도 '일에 대한 자긍심'을 심어줬으면 한다. 내가 하는 일이 어떤 식으로 사회에 도움이 되고 있는가? 나는 고객들에게 기쁨을 주고 있는가? 이것을 때때로 자기 자신에게 자문자답해 보라고 전해주기 바란다.

체크 항목	YES	NO
1. 나 나름의 '꿈' 이 있다		
2. 꿈을 달성하기 위해서는 '뭔가' 를 버릴 수도 있다		
3. 전문 능력을 향상시키기 위해서 자기 계발에 힘쓴다		
4. '노력은 반드시 보상을 받는다' 고 믿는다		
5. 일에서도 대인 관계에서도 긍정적 사고를 갖는다		
6. 장래의 성공을 이미지로 떠올리는 훈련을 한다		
7. 항상 '고객 위주' 라는 생각으로 행동한다		
8. 감사의 마음을 행동으로 나타내기 위해 노력한다		
9. 직장 밖에 많은 친구와 지인들이 있다		
10. 한 달에 3권은 책을 읽는다		
11. 매일 신문을 훑어본다		
12. 항상 '자신에게는 엄격하게' 라는 말을 되뇌인다		
13. 하고 싶은 것을 참을 수 있다		
14. 나의 일에 자긍심을 갖고 있다		
15. 20대에 리더가 돼서 잘됐다고 생각한다		

인간적인 매력이 있는
20대 리더의 성공 조건

펴낸곳   도서출판 일빛
펴낸이   이성우
지은이   우치다 마사시(內田政志)
옮긴이   서혜영

기획   문희정
편집   이경아 · 김미선 · 정운정
디자인   이혜경
마케팅   최정원 · 이정자

등록일   1990년 4월 6일
등록번호   제10-1424호

초판1쇄 인쇄일 2003년 6월 16일
초판1쇄 발행일 2003년 6월 25일

주소   121-837 서울시 마포구 서교동 339-4 가나빌딩 2층
전화 02) 3142-1703~5 팩시밀리 02) 3142-1706

값 10,000원

ISBN 89-5645-027-7 03320

I'm
Leading
Business
to
IT

도서출판 **이빛**

서울시 마포구 서교동 339-4(2층)

유니텔 | ilbit@unitel.co.kr

121 - 837

자르는 선

우편엽서

우편요금
수취인후납부담

발송유효기간
2002.1.22~2004.1.21

마포우체국 승인
제557호

보내는 사람

□□□ - □□□□

□ □ □

좋은 책은 독자와 함께 만듭니다.
엽서를 보내 주시면 일빛의 독자 회원으로 모시겠습니다.

■ **구입한 책 제목**

■ **구입한 서점**

■ **구입한 동기** (해당 란에 ∨표시)

  □ 주위의 권유 [로부터]
  □ 서점에서 우연히 눈에 띄어서
  □ 신간 안내나 서평을 보고 [에 실린 글]
  □ 선물로 받음 [에게서]

■ **구입한 날짜**   년   월   일

■ **구입하신 책에 대한 소감**(내용·제목·표지·책값)이나 도서출판 일빛에
  하고 싶은 말씀을 적어주세요.

■ **앞으로 출간을 바라는 책의 분야가 있습니까?** (해당 분야에 ∨표시)

  □ 한국사   □ 세계사   □ 수필   □ 소설   □ 철학
  □ 예술   □ 고고학   □ 교양 상식   □ 기타(   )

■ **독자 회원란**

이름		성별		나이	

  1. 생년월일 |
  2. 직업 |
  3. 전화 | E–mail |
  4. 요즘 읽은 책 중 다른 사람에게 권하고 싶은 책 |
  5. 구독 신문·잡지 |

Ilbit Publishing

I*LB*IT

자료는선

I*LB*IT